LE GÉNÉRAL

DE LA MORICIÈRE

In-12. 2e Série.

A LA MÊME LIBRAIRIE :

☞ *En envoyant le prix en un mandat ou timbres-poste, on reçoit* franco

HISTOIRE — BIOGRAPHIE

Format in-8°

Prélats les plus illustres.	2	50
Modèles dans le sacerdoce.	2	50
Poètes les plus célèbres.	2	50
Musiciens les plus célèbres.	2	50
Le Cardinal Wiseman.	2	50
Le P. Lacordaire.	2	50

Format in-12

Guerriers les plus célèbres.	»	85
Hommes d'état	»	85
Magistrats les plus célèbres.	»	85
Marins les plus célèbres.	»	85
Architectes les plus céléb.	»	85
Médecins les plus célèbres.	»	85
Peintres les plus célèbres.	»	85
Artisans les plus célèbres.	»	85
Constantin le Grand.	»	75
Théodose.	»	85
Charlemagne.	»	75
Philippe Auguste.	1	»
Godefroi de Bouillon.	1	»
Du Guesclin.	1	»
Clisson, connétable.	»	75
Charles de Blois.	»	75
Aubusson (Pierre d').	»	85
Christophe Colomb.	»	85
Louis XII, roi de France.	1	»
François Ier, roi de France.	1	»
Bayard.	»	85
Henri IV, roi de France.	1	»
Crillon.	1	»
Pierre Corneille.	»	75
Turenne.	»	85
Colbert.	»	75
Racine (Jean).	»	75
Jean Bart.	»	75
Villars (le maréchal de).	»	75
Louis XIV, roi de France.	1	»
Napoléon.	1	»
Stanislas, roi de Pologne.	1	»
Haydn.	»	60
Mozart.	»	75
Silvio Pellico.	»	75
Bérulle (le cardinal de).	»	85
Brydayne, missionnaire.	1	»
Fénelon.	1	»
Bossuet.	1	»
Michel Ange.	»	75
Raphaël.	»	75
Fernand Cortez.	»	75
D'Aguesseau, chancelier.	»	75
De la Motte, év. d'Amiens.	»	85
Desgenettes curé N. D. Vict.	»	75
Vianney, curé d'Ars.	»	75
Jean Reboul.	»	60
Le P. Lacordaire.	»	75
Flandrin Hip., peintre.	»	60
Marguerite de Lorraine.	»	75
Maintenon (Mme de).	»	85
Marie Leczinska, r. de Fr.	1	»
Marie-Antoinette, r. de Fr.	1	»
Sombreuil (Melle de).	»	75

Format in-18

Jeanne d'Arc.	»	60
Thomas Morus.	»	30
Fisher, év. de Rochester.	»	30
Charles le Bon, c. de Fl.	»	60
Claver, apôtre des nègres.	»	30
Eudes (le P.), fond. d'ordre.	»	30
Sobieski.	»	30
Boufflers (le maréchal de).	»	30
Louis XVI.	»	60
Drouot, général.	»	30
Daniel O'Connell.	»	30
Louis XVII.	»	60
Hohenlohe (le pr. A. de).	»	30
Affre (Mgr), arch. de Paris.	»	30
Lafeuillade, soldat.	»	30
Cheverus (le cardinal de), archevêque de Bordeaux.	»	30
Chateaubriand.	»	30

DE LA MORICIÈRE

LE GÉNÉRAL
DE LA MORICIÈRE

ESQUISSE BIOGRAPHIQUE

PAR

MAXIME DE MONTROND
CHEVALIER DE L'ORDRE DE SAINT-GRÉGOIRE LE GRAND

LIBRAIRIE DE L. LEFORT
IMPRIMEUR ÉDITEUR

LILLE
rue Charles de Muyssart
PRÈS L'ÉGLISE NOTRE-DAME

PARIS
rue des Saints-Pères, 30
J. MOLLIE, LIBRAIRE-GÉRANT

AVANT-PROPOS

Lorsque les voix les plus vénérables et les plus éloquentes ont déjà célébré à l'envi les glorieux souvenirs du héros chrétien qui vient de descendre dans la tombe, ne devrions-nous pas, ce semble, garder le silence et, recueillant avec un religieux respect les paroles tombées de si haut, nous borner à méditer les salutaires enseignements qu'elles nous offrent?

Telle n'a point été cependant notre pensée : une *esquisse biographique* du général de La Moricière, présentée sous une forme plus simple, plus précise et plus détaillée dans quelques-unes de ses parties, nous a paru une œuvre utile, et pouvant contribuer à son tour à populariser une illustre mémoire.

La vie de ce grand homme, qui suscite en ce moment autour de sa tombe tant d'hommages, de regrets et d'éloges, sera écrite quelque jour avec tous ses détails. Voici, en attendant, un petit volume où l'on a essayé, dans un récit rapide et fidèle, de rappeler les principaux actes de cette vie. Ce récit, orné de quelques fragments empruntés à ces accents de foi, d'admiration et d'enthousiasme qui ont jailli spontanément de tant de nobles cœurs, va se dérouler en toute liberté, et l'on aimera à y retrouver quelques faits nouveaux, avec des tableaux et des souvenirs qui ne pouvaient guère trouver place dans les premiers éloges des éloquents amis de l'illustre général.

Lorsque chaque homme de cœur envoie son offrande pour le monument qui va être érigé en son honneur, il nous est doux d'y porter notre humble pierre par cet hommage public rendu à l'un des hommes qui, dans ce siècle, ont le plus aimé, le mieux servi la France, et laissé autour d'un nom sans tache les plus brillants souvenirs de gloire, joints aux plus admirables exemples de foi chrétienne, d'abnégation et de dévouement.

LE GÉNÉRAL DE LA MORICIÈRE

CHAPITRE PREMIER

Premiers faits d'armes.

Dans les rangs de cette brillante armée qui, au printemps de 1830, voguait du port de Toulon vers les côtes d'Alger pour venger l'injure faite à la France, on remarquait un jeune officier de vingt-quatre ans, à la figure noble et martiale auquel l'avenir semblait réserver de vaillants faits d'armes : c'était le lieutenant de La Moricière.

Christophe-Louis-Léon Juchault de La Moricière naquit à Nantes le 5 février 1806, d'une vieille famille de gentilshommes bretons accoutumée à servir Dieu et le roi. Les trois noms qui lui furent donnés au baptême, semblaient être, selon la remarque d'un vénérable pontife[1], comme des prédictions des destinées futures de cet enfant : *Christophe*, porte-Christ, défenseur du Christ; *Louis*, administrateur, guerrier, tenant l'épée d'une main ferme et combattant vaillamment contre les ennemis de l'Eglise; *Léon* enfin, nom d'un grand pape, qui eut à soutenir des luttes terribles sous les murs de Rome, comme Pie IX, que Léon de La Moricière devait être appelé à défendre aussi un jour.

Cet enfant grandit au sein de sa famille, qui portait sur son blason, parsemé des coquilles du pèlerin, cette noble devise : *Spes mea Deus :* Mon espoir est en Dieu. — Noble cri de guerre, qui sera bien justifié. Ces coquilles rappelaient que la vie est un pèlerinage. « O mon fils, redisait donc chaque jour à l'enfant ce blason paternel, heureux si, au milieu des écueils et

1 Mgr l'évêque d'Angers.

des précipices de la vie, tu portes toujours haut et droit la bannière! »

Après les premières années écoulées doucement sous l'aile maternelle, Léon de La Moricière fut placé dans les colléges pour son éducation. Il se lança avec ardeur dans la carrière des études; il y courait comme plus tard à l'assaut. Il eut pour professeur de philosophie un saint prêtre qui lui ouvrit les trésors de la véritable sagesse. Ce pieux vieillard, aujourd'hui père abbé du couvent de la Trappe de Bellefontaine, après quarante ans d'intervalle, se souvient encore des heureuses dispositions de son élève. Il écrivait naguère au vénérable évêque d'Angers : « ... Le jeune La Moricière était sans contredit l'un des meilleurs élèves de ma classe sous le rapport de la conduite, du travail et des talents..... Mais ce qui le distinguait par-dessus tout, c'était spécialement une aimable simplicité, une modestie et une douceur charmantes.... Toutes ces qualités, ajoute l'humble religieux, étaient bien précieuses sans doute; mais il aurait fallu une perspicacité plus grande que la mienne pour découvrir l'avenir et tout ce que la divine Providence avait renfermé de noble, de bon, de vraiment grand dans cette belle âme. »

« Le général, malgré la distance des temps et le tumulte de sa vie si agitée, n'avait oublié ni les leçons ni les vertus de son professeur. Il y a quelques années, le vénérable et révérend père vint visiter au Chillon son ancien élève; le général l'embrassa avec effusion de cœur, en lui exprimant toute sa reconnaissance; il l'entoura d'honneurs autant qu'il le pouvait, et pendant plusieurs heures il s'entretint avec lui des questions les plus graves concernant la religion et l'Eglise.

» M. de La Moricière avait conservé les mêmes sentiments d'estime et d'affection pour son répétiteur, homme que distinguaient et ses talents et sa piété. Ce fut auprès de tels maîtres qu'il puisa ces sentiments de foi et de respect pour la religion qui ne l'ont jamais abandonné, même lorsque la dissipation des camps lui en avait fait oublier les pratiques [1]. »

Après avoir terminé ses études à l'institution Jubé, à Paris, Léon de La Moricière entrait, à

1 Discours de Mgr l'évêque d'Angers, en l'église de Louroux.

dix-huit ans, à l'Ecole polytechnique; en 1829, il quittait l'Ecole d'application de Metz, et recevait le brevet de lieutenant dans l'arme du génie.

On découvrait dans ce jeune officier les indices d'une intelligence supérieure. Un homme éminent qui fut plus tard son ami et son collègue à la chambre et au ministère, ayant reçu à Versailles, où il était alors juge auditeur, la visite du jeune officier, en parlait en ces termes, dans une lettre à un ami : « Je te dirai que j'ai été enchanté de lui personnellement; j'ai cru voir en lui tous les traits d'un homme véritablement remarquable. Moi qui suis habitué à vivre avec des gens qui se paient assez volontiers de mots, j'ai été tout surpris du besoin de netteté qui a l'air de le tourmenter sans cesse. Le sang-froid avec lequel il m'arrêtait pour me demander compte d'une idée avant de me laisser passer à une autre, ce qui plusieurs fois m'a un peu déconcerté; sa manière de ne parler que de ce qu'il entend parfaitement, m'ont donné de lui une opinion supérieure à celle que j'ai presque jamais conçue d'un homme au premier abord[1]. » — « Alexis de Tocqueville, suivant la remarque de M. Nettement, saisissait ici d'un coup d'œil le tour particulier de l'intelligence de La Moricière, et nous l'avons retrouvé, dans les dernières années de sa vie, tel que son fidèle ami le peint au début, avec quelque chose de vif, de chercheur et de pénétrant dans l'esprit, une impatience naturelle contre ceux qui prétendaient le payer de mots, l'horreur de l'à peu près et la volonté arrêtée d'aller au fond des choses. »

On était en 1829.... C'était le douloureux et éclatant déclin de ce règne qui devait, en succombant sous l'effort des passions ennemies, léguer à la France la plus magnifique de ses conquêtes. L'expédition d'Alger se préparait au milieu des oppositions du libéralisme d'alors, malgré les résistances de l'Angleterre, à la joie et à l'enthousiasme de notre jeune armée, impatiente de venger l'insulte faite à la France. Rien n'égalait l'ardeur des officiers. C'était à qui obtiendrait la faveur de faire cette campagne, à laquelle le nom d'*imprenable* qu'avait

1 Lettre de M. Alexis de Tocqueville à M. G. de B aumont.

si longtemps conservé Alger et le mirage de l'inconnu donnaient de nouvelles séductions. Quelle ne fut donc pas la joie du jeune La Moricière lorsqu'il vit ses vœux exaucés ! Il s'embarqua, entraîné invinciblement vers cette terre où il devait trouver tant de gloire.

Reportons-nous à trente-cinq ans en arrière. Une belle journée dans notre histoire sera toujours celle du 25 mai 1830, où la ville de Toulon, avec la France entière, saluait de ses vœux une armée de trente mille hommes et une flotte immense, faisant voile vers la cité barbaresque contre laquelle avaient échoué Charles-Quint et la Grande-Bretagne ; cité qui devait céder en quinze jours à la bravoure française... Plus belle encore fut cette journée de juillet, où le vieux roi Charles X, suivi de sa famille, de sa cour et des grands corps de l'Etat, vint à Notre-Dame rendre à Dieu de solennelles actions de grâces d'une victoire qui allait planter pour toujours le drapeau de la civilisation, avec la croix, sur une terre jadis chrétienne, mais vouée depuis de longs siècles à une honteuse barbarie. La vieille basilique a retenti depuis d'autres chants de triomphe pour d'autres brillantes victoires; mais le *Te Deum* chanté pour la prise d'Alger, à Notre-Dame, sera toujours l'un de ces souvenirs qui brillent d'un éclat particulier dans les annales de Paris et de la France.

Le lieutenant de génie La Moricière prit une active et noble part à la conquête d'Alger. Presque aussitôt après le débarquement de l'armée à Sidi-Ferruch, le 14 juin, il attachait son nom à la première redoute élevée sur le sol désormais français de l'Algérie. Cette redoute, placée sur le chemin de Sidi-Ferruch à Staouëli, occupait le terrain où s'élève maintenant le couvent des Trappistes. Quelques jours après, le jeune officier se distinguait par sa courageuse conduite à l'attaque et à la prise du fort l'Empereur qui entraîna la prise de la place. Tel fut le début de La Moricière. Depuis cette première redoute dressée sur le rivage d'Alger jusqu'à la capture d'Abd-el-Kader, son histoire rappelle désormais toute l'histoire de la conquête : ses services en résumant toutes les faces. Mgr d'Orléans a résumé dans un magnifique tableau ces glorieux services du héros africain :

« Vous connaissez ce théâtre illustre de nos guerres africaines. A l'autre extrémité de cette Méditerranée, qui devrait n'être qu'un lac français, entre la mer, le désert et les montagnes, s'étend, sous le soleil de l'Orient, un pays riche et fertile : c'est l'Afrique algérienne, jadis conquise par les Romains, civilisée par le christianisme, mais devenue, sous le joug des fils du Coran, la citadelle de la barbarie et de la piraterie, et un outrage permanent à l'Europe, jusqu'au jour où le pavillon français vint venger son injure... Voilà la scène brillante où le jeune de La Moricière était appelé à déployer ses grandes qualités militaires, et il faut dire que nul plus que lui n'était fait pour ces guerres et pour ce pays.

» Né de cette forte race bretonne, sur cette terre de la bravoure et de la foi, au sein d'une famille fidèle aux vieux souvenirs et aux vieilles vertus, dès qu'il parut dans les armées, il fut le type du soldat français. Brave, hardi, aventureux, plein de fougue et d'élan, de vivacité et de gaieté gauloise, montant à l'assaut sous la mitraille, tranquille et imperturbable sous les balles, mais capitaine autant que soldat, vigilant, actif, infatigable; prudent malgré son audace, prévoyant, organisateur habile d'une expédition ou d'une razzia, fécond en expédients et en ressources; coup d'œil prompt, décision rapide; enlevant le soldat pour une attaque ou une poursuite, le lançant ou le retenant à son gré, l'animant du regard, du geste et de sa voix vibrante; payant partout de sa personne, sauvant au milieu du feu un de ses soldats blessés, le saisissant par la ceinture et l'emportant en travers sur son cheval : non pas seulement soldat et capitaine, homme de batailles, de faits d'armes, de grands coups d'épée, mais ayant le génie de l'administration aussi bien que de la guerre; se montrant, c'est l'éloge même qu'en a fait le maréchal Bugeaud, capable de conquérir un pays et de le gouverner; ayant les grandes vues comme les grands élans; voyant plus loin que les armes, plus loin que la force, la civilisation après la conquête; comprenant la noble mission de la guerre; et servant enfin par les armes cette grande cause de la civilisation chrétienne contre l'islamisme; et depuis Lépante et

Navarin, n'est-ce pas là éminemment la cause française dans le monde [1] ? »

Au transport de cette première allégresse militaire causée par la prise d'Alger, vint bientôt se mêler dans le cœur de La Moricière un sentiment d'amère affliction. On sait combien la chute du trône de Charles X fut rapprochée de la chute de la cité barbaresque. Le vieux monarque était chassé par la main implacable de la révolution au lendemain du jour où il dotait la France d'un nouvel empire. Tous les sentiments héréditaires du jeune officier breton étaient profondément blessés ; la générosité de son caractère s'indignait ; comme tant d'autres, il aurait voulu, de son épée victorieuse, venir relever ce trône séculaire qui se couvrait d'un dernier reflet de gloire. Au milieu de son chagrin, il put voir déjà ce que sont les extrémités des choses humaines. Tandis que son vieux roi prenait la route de l'exil, son général en chef, le maréchal de Bourmont, la veille au faîte des prospérités et de la gloire, se trouvait précipité lui-même

[1] Oraison funèbre du général de La Moricière par Mgr l'évêque d'Orléans.

dans l'adversité. Il lui fallut quitter en fugitif l'armée qu'il venait de conduire à la victoire, et cette terre d'Afrique, arrosée du sang de ses fils, qu'il avait conquise pour la France. L'amiral Duperré lui ayant refusé un bâtiment de l'Etat pour le conduire autre part que dans un port français, le vainqueur d'Alger fut obligé de frêter à ses frais un bâtiment marchand. Il se rendit sur le rivage avec les fils qui lui restaient et deux ou trois officiers, suprême escorte de leur général vainqueur et malheureux. Au nombre de ces officiers fidèles à l'infortune, sans nul souci du mécontentement des heureux du jour, figurait La Moricière. Il était là, le 5 septembre 1830, lorsque, vers le soir, le maréchal de Bourmont s'embarqua sur l'*Amatissimo*, brick autrichien. Il assista à cette scène des derniers adieux, décrite ainsi par le capitaine du brick : « Le maréchal et ses deux fils avaient un bagage si peu considérable que deux de mes marins suffirent à le porter. Un de ses fils avait sous le bras un petit coffret; je lui offris de m'en charger; il refusa mon offre, ce qui me fit soupçonner qu'il contenait quelque objet d'un grand prix. Voyant cependant, quelques jours après, que ce coffret n'était pas renfermé, j'en fis l'observation au maréchal, qui me répondit en me montrant le contenu : « Ce que renferme ce coffret, quoique » bien précieux pour moi, ne tentera la cupidité » de personne. Voilà le seul trésor que j'em- » porte d'Alger : c'est le cœur du fils que j'ai » perdu ! [1] »

« Ainsi parlait le maréchal de Bourmont, sans pressentir qu'à ce jeune officier qui le saluait du rivage il léguait l'honneur de terminer la conquête de l'Algérie par la prise du plus redoutable représentant de la nationalité arabe, et en prévoyant encore bien moins que cette carrière, qui commençait au moment où la sienne finissait, connaîtrait aussi le malheur et l'exil [2]. »

Si La Moricière ne brisa pas alors son épée,

[1] Amédée de Bourmont, l'un des quatre fils que le généra en chef avait emmenés avec lui, blessé mortellement à la tête de sa compagnie de grenadiers, au combat de Sidi-Khalof, le 24 juin. Il mourut deux jours après la prise d'Alger, le 7 juillet, des suites de sa blessure. « Heureux peut-être, dit un de ses camarades, de mourir après avoir entendu le récit de la gloire de son père et avant d'être témoin de ses malheurs. » (M. de Quatrebarbes : *Souvenirs de la campagne d'Afrique*.)

[2] A. Nettement.

à l'exemple de tant d'autres dans leur douleur, c'est, comme il l'écrivait à sa mère, qu'il redoutait l'oisiveté pour sa jeunesse. Son amour de la profession des armes, l'honneur de servir encore la France, et avec elle une grande cause sur les rives barbares de l'Afrique, le retinrent là. C'est là qu'il doit désormais vivre et dépenser les forces de sa bouillante activité. Toujours à l'avant-garde de la conquête, il devancera par ses services les grades qu'il gagnera en courant, et dans chacun de ses grades on le verra déployer une intrépidité fougueuse, un rare talent d'organisation, une fécondité de ressources inépuisable.

« La guerre d'Afrique, comme disait il y a quelques années M. de Meaux, ne mettait pas en mouvement des masses immenses sous l'impulsion mathématique d'une seule volonté : mais, dans un labeur multiple et sans relâche, elle formait et signalait des hommes. Lancé sur une terre hérissée de mystères et d'obstacles, aux prises avec une race inconnue, isolé de ses chefs, le jeune officier, aussi bien que le vieux général, avait à découvrir, à créer, à vouloir; à la tête d'un simple détachement, il apprenait en même temps à gouverner et à combattre, à suffire à tout en comptant sur soi seul, et, dans une armée démocratique, il pouvait être initié dès les débuts à toutes les difficultés, à toutes les chances, à toutes les responsabilités d'un commandement souverain. A cette école, La Moricière n'a pas seul grandi. L'Europe sait maintenant quelle armée a germé sur la terre de France pour mûrir sous le ciel d'Afrique. Mais, quand du milieu de leurs récents triomphes, les généraux et les soldats de cette irrésistible armée se reportent vers le berceau de leur gloire et de leur vertu militaire, alors La Moricière, avec son mélange de finesse et d'audace, sa joyeuse énergie, sa parole pittoresque et soudaine, son œil ardent et sagace éclairant un visage bruni par le soleil et la poudre, La Moricière encore vivant leur apparaît comme un ancêtre, et son nom retentit dans les chants du bivouac [1]. »

[1] Le vicomte de Meaux.

CHAPITRE II

La Moricière en Afrique (de 1830 à 1840).

Alger était pris ; mais il fallait affermir notre conquête. L'histoire, mieux que nos récits contemporains, fera comprendre un jour tout ce qu'exigeait alors, tout ce qu'imposa, durant tant d'années, de sacrifices, de courage, de dévouement, d'abnégation, de talent, notre affermissement sur la terre africaine. L'empreinte personnelle que Léon de La Moricière a laissée dans cette longue et périlleuse lutte est marquée d'abord dans deux institutions militaires dont il fut le promoteur, et qui ont eu une part considérable à la conquête de l'Algérie : les bureaux arabes et les zouaves.

L'institution des *bureaux arabes*, qu'on n'a

jamais, selon quelques-uns, bien apprécié en France, avait été reconnu le moyen le plus efficace de créer des rapports entre les populations arabes et les Français. Comment ces populations, que leur nature, leurs mœurs, leur religion semblent avoir formées pour la guerre, auraient-elles pu se mettre en contact avec nous par l'intermédiaire d'un *fonctionnaire civil*, personnage qui n'existe pas chez elles et dont elles n'auraient ni compris ni respecté l'autorité. Mais ce que les Arabes comprenaient, ce qu'ils étaient disposés à accepter, c'était un magistrat guerrier, chargé tout à la fois d'une mission de guerre et de justice. Tel est l'esprit qui a présidé à la formation des *bureaux arabes*, dont le premier chef et organisateur fut le capitaine de La Moricière. Cet esprit vif et pratique vit l'un des premiers le but, et il y marcha [1]. Dirigés par des officiers familiers avec la langue, les mœurs, les habitudes des tribus, ces bureaux arabes devinrent la première forme du gouvernement de la France en Algérie. On les établit successivement sur

[1] Le capitaine de La Moricière fut nommé chef du bureau arabe d'Alger, en 1832.

tous les points du territoire militaire, avec leur double *mission :* les résultats obtenus par cette institution n'ont pas trompé l'attente de ses habiles organisateurs [1].

L'idée première de la formation des zouaves remontait au maréchal de Bourmont. Les zouaves, ou plutôt les *zouaouas*, étaient originairement des kabyles indépendants de la province de Constantine qui vendaient leurs services aux puissances barbaresques. Ils avaient formé la garde particulière des deux derniers deys : ils étaient renommés pour leur fidélité envers leurs maîtres, et dès l'origine de l'occupation, ils se montrèrent disposés à prendre parti pour les Français. Le général Clauzel, qui remplaça le maréchal de Bourmont, forma deux bataillons de zouaves sous le commandement d'officiers français [2]. On fit aussi entrer dans ce corps quelques *koulouglis*

[1] L'organisation des *bureaux arabes*, après avoir dû ses premiers succès aux officiers La Moricière et Marcy, a été perfectionnée, sous le gouvernement du maréchal Bugeaud, par le général Daumas, que de longues études avaient profondément initié aux mœurs africaines.

[2] Les capitaines Maumet et Duvivier furent les chefs de ces deux premiers bataillons.

et un assez bon nombre de ces jeunes gens, enfants de Paris, appelés les *Volontaires de la charte*, enrôlés parmi les combattants de Juillet, et dont la présence devenait inquiétante à Paris. Le lieutenant de génie de La Moricière, alors âgé de vingt-cinq ans, fut nommé capitaine dans l'un de ces deux bataillons. C'était en 1830, quelques mois à peine après la conquête d'Alger.

C'est sous le commandement et à l'école de La Moricière que les zouaves sont devenus ce qu'ils devaient paraître plus tard au jugement de toute l'Europe : *les premiers soldats du monde*... Mais hâtons-nous de le rappeler : c'étaient alors des enfants de la France. « Bientôt, en effet, comme dit M. Nettement, l'élément indigène diminua dans ce corps d'élite, et avec les années, les zouaves ne gardèrent de leur origine que le nom, l'uniforme indigène et l'esprit primitif de leur formation, qui attira dans leurs cadres les courages ardents, les caractères aventureux qui font souvent les grandes fortunes militaires. Le capitaine de La Moricière, qui les commanda un des premiers, leur imprima plus que tout autre les allures de son esprit et de son caractère, l'audace que rien n'arrête, l'activité que rien ne lasse, une certaine indépendance d'humeur qui exige de la part de ceux qui commandent une fermeté inébranlable sur les points essentiels, tempérée par une indulgence calculée sur les points secondaires : je ne fais ici que répéter les paroles que j'ai entendues sortir de la bouche du général La Moricière [1]. »

Tel fut son début. Depuis lors et jusqu'en 1847, la vie militaire du noble officier breton n'est autre que l'histoire tout entière des guerres de l'Algérie. Ne pouvant dérouler les détails de cette longue histoire, bornons-nous à suivre notre héros africain, en arrêtant nos regards sur quelques-uns de ses plus brillants faits d'armes.

Il s'agissait d'aller reconnaître une ville arabe, Bougie, dont on voulait s'emparer. Le capitaine de La Moricière réclama cette mission difficile. Un bâtiment léger le débarqua sur la plage de Bougie avec quelques officiers et deux Koulouglis qui lui ont promis de le mettre en relation

[1] On se rappelle le saisissant tableau qu'a tracé des zouaves Mgr d'Orléans.

avec les indigènes. Mais ces deux hommes étaient ou peu sincères ou incapables de tenir leur promesse. Une violente émeute ne tarda pas à se déclarer. La Moricière et ses compagnons se réfugient d'abord dans une maison ; mais l'émeute les y poursuit, et à chaque instant devient plus menaçante et plus terrible. Alors, dans un de ces mouvements hardis comme en trouvent seuls les caractères résolus et les cœurs intrépides, La Moricière donne l'ordre d'ouvrir les portes de la maison où il est assiégé : il sort, la tête haute et l'œil fixe, le pistolet au poing et le sabre levé. Entraînés par son exemple, ses compagnons le suivent dans la même attitude. Frappés de stupeur à la vue d'une telle audace, tous les témoins de cette démarche soudaine sont en quelque sorte paralysés. La Moricière et les siens regagnent le rivage ; mais le brave capitaine, qui a observé attentivement la place au milieu de l'émeute et de ses périls, saura donner au général Trézel, chargé de l'expédition, des renseignements dont la parfaite exactitude aidera singulièrement le succès de l'entreprise. Cette action d'éclat valut à La Moricière le grade de chef de bataillon[1]. Il avait reçu peu de temps auparavant la croix de la légion d'honneur[2].

Le général Trézel le peint tout entier dans les paroles suivantes, écrites vers cette époque : « Coup de main, tracé des ouvrages, conduite des colonnes, il agit partout, et il est si connu, qu'officiers et soldats lui obéissent tout naturellement. »

La Moricière avait à peine alors vingt-sept ans. Ce prestige ne cessa dès lors de le suivre dans toute sa vie militaire.

Voyons-le bientôt après, à la retraite de la Macta. Il avait reçu l'ordre de ramener d'Arzeu à Oran dix escadrons : la mer lui était ouverte, des bâtiments pouvaient le transporter avec sa troupe : mais c'eût été fuir et sacrifier le prestige français. La Moricière voulut le relever en bravant l'ennemi : au lieu donc de se dérober par mer aux poursuites, il ramena dans l'intérieur des terres, jusqu'à Oran, ses dix escadrons sains et saufs, à travers les flots soulevés des

[1] Le 2 novembre 1833.

[2] 6 septembre 1833.

tribus en armes qui n'avaient osé le combattre : cette retraite, il l'avait transformée en triomphe (juin 1835).

Cité par ses chefs à la suite de tous les faits d'armes et de toutes les opérations auxquels il avait pris part jusqu'en 1835, La Moricière se distingua particulièrement dans l'expédition de Mascara et de Tlemcen, entreprise par le maréchal Clauzel. Il y gagna le grade de lieutenant-colonel, et l'honneur d'être placé à la tête du corps des zouaves.

Parmi les brillants faits d'armes de La Moricière durant les dix premières années de la conquête, on aimera toujours à rappeler celui-ci. Le 7 octobre 1835, une colonne expéditionnaire, commandée par le général Rapatel, revenait de Médéah, après y avoir installé le bey de la province de Tittery. A la descente des pentes de Mouzaia, près d'une ancienne ferme ruinée, un sous-lieutenant du 1er chasseurs d'Afrique, M. Olivier Bro, commandant le détachement de service, chargea des Arabes embusqués sur un terrain occupé par la tribu de Mouzaia, et dont les haies de cactus et d'aloës formaient la clôture. Au milieu de cette espèce de labyrinthe, un brigadier tomba blessé d'un coup de feu à la poitrine. La charge achevée, son cheval, sans cavalier, passe au galop à côté du lieutenant Bro. Celui-ci, ne voulant pas laisser un de ses hommes au pouvoir de l'ennemi habitué à massacrer tout prisonnier, s'écrie : « Demi-tour et chargeons, il y a un blessé en arrière. » En même temps il pique des deux; mais sa voix n'avait pas été entendue. Il arrive seul sur un groupe de cavaliers hadjoutes qu'il charge résolûment, et il tombe presque aussitôt lui-même frappé d'un coup de fusil.

Malgré sa blessure, M. Bro se dégage soudain, court s'adosser à une angle de l'enceinte de cactus et d'aloës, pare avec son sabre et rend quelques coups. Renversé de nouveau, foulé aux pieds, il se relève brisé, couvert de sang, et aperçoit tout à coup devant lui, comme un sauveur, le commandant La Moricière arrivant au galop, et qui, sans hésiter, se jette seul au milieu de trente ou quarante cavaliers acharnés sur leur proie. Profitant de la stupeur causée par son apparition inattendue, il saisit

M. Bro par le collet de son habit, et l'entraîne pour rejoindre l'arrière-garde ; mais embarrassé par ce poids, et rejoint par les Arabes, le commandant est contraint de lâcher son fardeau pour se défendre lui-même contre les cavaliers qui l'entourent de toutes parts. Pendant qu'il lutte à cheval, le sous-lieutenant relevé combat à pied à ses côtés. Bientôt enfin, aidé de M. Grand, capitaine de génie, accouru vers lui, La Moricière enlève le blessé, et tous deux, partant soudain, l'emportent de toute la vitesse de leurs chevaux.

La Moricière revient ensuite prendre son poste à la tête de l'arrière-garde, où, par sa fière attitude, il force les Arabes à se tenir à distance, et assure ainsi la retraite de l'armée.

Le fait d'armes le plus populaire de la carrière du jeune héros breton est celui dont Horace Vernet a immortalisé le souvenir : je veux parler de la prise de Constantine.

Quelle campagne ! C'est la seconde expédition, c'est la revanche d'une première retraite, de cette retraite où l'armée, poursuivie par les Arabes, dut peut-être son salut au sang-froid et à l'habileté du commandant Changarnier et au courage des braves de 2e léger. Là, dans cette nouvelle attaque, brillait la fleur de nos armées : Danremont qui mourut comme Turenne à Saltzbach, Valée, Rulhière, Bedeau, Le Flo, Mac-Mahon, Creny, Canrobert. Le siége fut admirable, la bravoure des défenseurs étant digne de celle des assaillants. Le 13 octobre (1837), la brèche étant ouverte, le général en chef, Danremont, fit sommer les assiégés de se rendre. « Les Français, répondirent-ils, ne seront maîtres de Constantine qu'après avoir tué jusqu'au dernier de ses défenseurs. » A cette réponse, le général s'écrie : « Ce sont des gens de cœur. Eh bien ! l'affaire n'en sera que plus glorieuse pour nous. » Peu d'instants après, comme il se dirigeait avec le duc de Nemours et son chef d'état-major vers le dépôt de tranchée, atteint par un boulet, il tombe mort sans proférer une parole.

Déjà nos munitions étaient épuisées, et les murs de la ville ne cédaient pas. Le 14 octobre, à sept heures du matin, le signal de l'assaut est donné : alors retentit la voix stridente et héroïque du lieutenant-colonel des zouaves : « Mes zouaves, à vous ! debout ! au trot ! marche[1] ! » En quelques minutes, la colonne était au sommet de la butte, escaladée au milieu d'une pluie de balles. Tout à coup le terrain oscille et tremble ; il se fait une épouvantable explosion ; tous les soldats de La Moricière disparaissent avec leur commandant sous des nuages de fumée et de poussière. Mais la route était ouverte aux colonnes d'attaque ; après une effroyable lutte, Constantine était prise. La victoire fut chèrement achetée. Avec le général Danrémont, le général Perregaux, le colonel Combes, les commandants Vieux et de Sérigny, et une foule de vaillants officiers et soldats, trouvèrent la mort sur ce champ de bataille.

Le tableau d'Horace Vernet, dans les galeries de Versailles, nous montre l'intrépide La Moricière au sommet de la brèche, où il arriva le premier, en renversant tout sur son passage. Il était là, « debout, avec ce regard de feu qui promet la victoire, le fez rouge sur la tête, le

[1] Les zouaves formaient la première colonne d'attaque avec quarante sapeurs de génie et deux compagnies d'élite du 2e léger.

burnous bleu sur les épaules, debout au haut du rempart conquis, trente secondes avant qu'une mine cachée, sautant sous ses pas, le lance en l'air, et l'ensevelisse tout vivant sous les décombres du rempart écroulé. Quand on le ramassa, noirci, brisé, les chefs de l'armée, par une inspiration toute française, voulurent qu'à l'ambulance on jetât sur son lit de camp, pour couverture, le drapeau de Constantine[1]. »

Dieu réservait cette jeune gloire à la France et à l'Eglise. Colonel des zouaves après ce siége mémorable, le héros de Constantine entraîna ses intrépides bataillons à de nouveaux faits d'armes. Au mois de mai 1840, nous le retrouvons franchissant avec eux ce fameux col de Mouzaia, si souvent teint du sang de nos soldats. « Les kabyles couronnaient ce point le plus élevé de l'Atlas : un triple rang de redoutes garnies d'ennemis ajoutait à la difficulté des lieux des obstacles insurmontables. La Moricière s'élance avec ses zouaves : ils gravissent avec les genoux et avec les mains ces pentes escarpées; les premières, les secondes redoutes sont enlevées;

[1] Mgr l'évêque d'Orléans.

mais tout à coup, avant d'arriver aux troisièmes, ils rencontrent une gorge profonde qui les en sépare, et du retranchement formidable qui la surmonte, partent à demi-portée de fusil des coups innombrables, et de toutes les crêtes qui dominent la position, les Arabes accourus en masse dirigent de tous côtés sur La Moricière et ses zouaves des feux plongeants. Le reste de l'armée, qui était encore au pied de la montagne et gravissait, eut un moment d'anxiété terrible pour cette brave troupe. Une colonne, chargée d'enlever le pic principal, avait d'ailleurs disparu dans le brouillard. Mais tout à coup, au milieu d'une effroyable fusillade, on entend un bruit lointain de tambours et de clairons qui monte au milieu de la nuée, de l'autre côté de la montagne. C'est Changarnier, avec son 2e léger, qui a tourné l'ennemi et qui approche. Les zouaves de La Moricière, électrisés, n'attendent plus : par un irrésistible élan, ils franchissent la gorge, emportent le retranchement, dispersent comme un troupeau les kabyles, et La Moricière vainqueur reçoit sur les hauteurs emportées Changarnier qui arrive, avec huit balles reçues dans ses habits et ses épaulettes, et ils se serrent la main[1] ! »

Peu de temps après, à trente-quatre ans, La Moricière était maréchal de camp, et commandant de la province d'Oran. Dix années à peine lui avaient suffi pour échanger son épaulette de lieutenant contre celles de général. Il avait conquis tous ses grades sur les champs de bataille. A trente-sept ans, il sera général de division, à trente-neuf, gouverneur général de l'Algérie par intérim. Comment le suivre dans sa course rapide? Contemplons-le encore cependant durant cette glorieuse période de sept années, où de nouvelles victoires préparèrent et amenèrent enfin le beau fait d'armes qui devait terminer la guerre : la prise d'Abd-el-Kader.

[1] Mgr d'Orléans.

CHAPITRE III

Le général de La Moricière commandant de la province d'Oran. (1840 - 1847.)

« Jusqu'à la prise de Constantine, nos exploits avaient étonné plutôt que réduit les Arabes. Cependant il ne suffisait pas, dit justement le vicomte de Meaux, de promener çà et là sur un territoire toujours disputé notre drapeau triomphant, il fallait assurer par un progrès régulier notre établissement définitif. Moitié par nos fautes, moitié par son génie, l'émir Abd-el-Kader s'était élevé et fortifié jusqu'à prétendre à la souveraine domination de l'Algérie. Sous son autorité plus religieuse encore que politique et militaire, à l'abri des traités mêmes conclus avec nous, il avait uni les tribus éparses et nomades en un redoutable faisceau qu'il tenait dans sa main, prêt à balancer d'abord, à détruire enfin notre ascendant. Ainsi, pour venger leur errante et barbare indépendance, les héritiers des vieux Numides avaient retrouvé Jugurtha. L'islamisme enfantait contre nous, parmi les descendants du prophète, un champion que n'aurait pas désavoué le regard profond de Mahomet. Un instant nous essayâmes de vivre à côté d'Abd-el-Kader; mais son ambition n'admettait ni subordination ni partage. Après avoir trop contribué par ses concessions à le grandir, le général Bugeaud fut chargé de le briser. A cette tâche, il apporta quelques-unes des plus puissantes et des plus rares qualités d'un grand capitaine; il y gagna une renommée solide et populaire. Mais l'entreprise était assez considérable pour illustrer plus d'un seul homme. A côté du vainqueur d'Isly, il y eut place à la peine comme à la gloire pour les lieutenants qui le secondaient sans s'identifier avec lui, et le complétaient toujours en le contredisant quelquefois. L'armée connaissait déjà, la France apprit à saluer les noms de Changarnier, Bedeau, La Moricière. Leurs camarades, leurs rivaux, les couronnèrent ensemble d'un surnom qu'aucun homme de guerre n'avait porté depuis Scipion. Hélas! *les trois Africains* devaient être rapprochés par des vicissitudes plus tristes que les combats et se trouver réunis ailleurs que sur un champ de bataille[1] ! »

En rendant à chacun sa juste part de gloire, on doit reconnaître cependant que La Moricière fut le principal vainqueur de l'émir. Il n'avait pas vécu dix années près des Arabes, tantôt pour les combattre, tantôt pour traiter avec eux, sans pénétrer dans les secrets de leur organisation politique et de leurs ressources militaires. Abd-el-Kader avait rêvé un empire arabe sur les ruines de l'empire turc. S'il manqua de le réaliser, ce n'est pas que la persévérance, l'habileté, l'énergie, le fanatisme aient fait défaut à ce *hadji* prêchant « la guerre sainte, » c'est qu'il eut à lutter contre nos vaillants *Africains*, non moins habiles à discerner où résidait la force de notre ennemi, et où devaient porter nos coups afin d'abattre sa puissance.

Déjà l'attaque du col de Mouzaia, en ouvrant

[1] *Le Général de La Moricière*, par le vicomte de Meaux.

passage à nos troupes, avait forcé l'émir à une première retraite. Mis à la tête de la province d'Oran, le général de La Moricière se trouva face à face avec les plus belliqueux soldats de notre ennemi, toujours vaincu, toujours plus infatigable. Avec ses dignes émules, Bedeau et Changarnier, qui grandissent comme lui sous le maréchal Bugeaud, La Moricière commence alors cette difficile poursuite d'Abd-el-Kader, qui devait se prolonger pendant sept années, à travers tant de glorieux faits d'armes, du milieu de sa puissante tribu des Hachems, la plus considérable, la plus riche, la plus courageuse, Abd-el-Kader nous défiait : il s'y était établi comme dans un camp imprenable et dans sa capitale. Elle lui fournissait quinze mille cavaliers, au moyen desquels l'émir dominait et entraînait à sa suite les autres tribus. Tomber sur les Hachems, c'était donc toucher Abd-el-Kader au cœur ; les accabler, c'était dissoudre sa puissance. Voilà ce que comprit La Moricière, et ce qu'en devenant officier général, il se mit en devoir d'exécuter.

Mais pour frapper les Hachems, il fallait les

atteindre, et pour les atteindre, il s'agissait d'égaler la rapidité de mouvement des Arabes ; nos bagages, nos vivres, tout gênait notre marche. La Moricière résolut de s'en passer. Il trouva le moyen de ravitailler Mascara et de faire vivre là six mille hommes : ses zouaves, dans cette campagne, firent la moisson, comme autrefois, à Dely-Ibrahim et à Médéah, ils s'étaient faits maçons, forgerons, terrassiers, pour construire leurs retranchements et leurs casernes. « Soldats ! honneur à vous ! disait le général Bugeaud dans un ordre du jour mémorable ; par là, vous avez plus fait dans cette campagne pour la conquête du pays qu'en gagnant des batailles et en revenant ensuite à la côte. »

C'est de ce poste avancé au milieu des tribus, que La Moricière dirigera ensuite d'incessantes expéditions contre Abd-el-Kader, le poursuivra jusque bien au delà de l'Atlas, et achèvera d'abattre la puissante tribu des Hachems. Ni leurs déserts, ni leurs montagnes, ni leurs quinze mille chevaux ne sauront les dérober à ses coups. Mais comment subsister sans emporter de vivres au sein d'une contrée qui sous nos pas devenait déserte et paraissait sans ressources. « Les Arabes le font bien, dit La Moricière, nous ferons comme eux. » En effet, il avait étudié la prévoyante industrie des Arabes ; il les avait épiés creusant le sol, enfouissant la récolte et la retrouvant intacte après notre passage au fond des greniers souterrains sur lesquels nous avions campé sans les découvrir. Dès lors, sans autres bagages que de petits moulins à bras, à la tête d'une colonne, il s'avança d'un mouvement rapide contre l'ennemi. Avec quatre jours de provisions, il tint la campagne pendant trois semaines et plus. « Où trouverons-nous des vivres? demandaient les soldats. — Fouillez la terre ; elle vous en donnera, » répondait leur général. On les voyait donc, pressés par la nécessité, chercher les grains dans les silos cachés des Arabes. Spectacle étrange ! « Sur une largeur d'une ou deux lieues se formait une ligne d'hommes sondant le sol avec des baguettes de fusil et des lames de sabre jusqu'à ce qu'ils eussent rencontré la pierre qui ferme les greniers souterrains. Pour la viande, une razzia la fournissait. On vivait moins bien, mais on marchait plus vite, et on se consolait en battant les Arabes des mauvais repas qu'on avait faits[1]. »

Ayant ainsi rompu ses troupes aux habitudes de l'ennemi, et trouvé le moyen de faire vivre la guerre par la guerre, La Moricière marche résolûment contre la tribu des Hachems. En juin 1842, il était à la prise de Tagdempt avec le duc de Nemours, avec le colonel Cavaignac, avec le lieutenant de La Guiche. « Le 25 juillet, il ramenait sa division à Mascara, après trente-six jours de bivouac et des marches de cent trente lieues. Ses soldats revenaient sans chaussure ; la peau des bœufs qui les avaient nourris leur avait fait en route des espardilles pour souliers. Mais, à l'heure même, les tribus fidèles, menacées par l'émir depuis que La Moricière n'est plus là, l'implorent. Sans hésiter, il repart avec ses infatigables soldats jusqu'au 6 septembre ; et de nouveau, quelques jours après, il tient la campagne jusqu'au 17 novembre. Telles étaient ces guerres, et telle son activité[2]. »

Etrange guerre cependant, dans laquelle l'émir

[1] A. Nettement : *Tableau de la conquête de l'Algérie.*

[2] Mgr d'Orléans.

était presque toujours où nous n'étions pas, « se glissant sur nos flancs pour nous inquiéter, derrière nous pour soulever les tribus ou pour les punir; quelquefois suivi de près, au moment d'être pris; toujours vaincu, jamais découragé, disparaissant pour reparaître, et semblant parfois nous poursuivre[1]! » Le commandant d'Oran lui donnait une chasse opiniâtre, l'atteignait dans les positions les plus inaccessibles, et cet ennemi terrible, comme un cerf aux abois, devra tomber enfin devant cette intelligente et vaillante poursuite, après y avoir perdu sa *smalah*, enlevée par un admirable coup de main du duc d'Aumale au terme d'une expédition qu'avait organisée La Moricière (mai 1843)[2].

[1] A. Nettement : *Tableau de la conquête de l'Algérie.*

[2] La prise de la smalah d'Abd-el-Kader, dont le pinceau d'Horace Vernet a popularisé le souvenir, est un héroïque fait d'armes de nos guerres d'Afrique. La *smalah* était une population nomade composée de la famille de l'émir et de celle des principaux personnages attachés à sa fortune. Cette réunion, grossie d'un grand nombre d'émigrés appartenant à toutes les tribus de l'Ouest, et particulièrement aux Hachems, renfermait de douze à quinze mille personnes. Elle représentait le foyer et le centre des forces d'Abd-el-Kader, et était devenue en quelque sorte la capitale de sa puissance nomade.

Les débris de la *smalah*, après avoir erré quelque temps

Poursuivi, traqué de tous côtés par l'infatigable général, Abd-el-Kader, avec sa *deïra*, s'était jeté dans le Maroc. Mais bientôt au canon de Tanger et de Mogador, répondit le canon de l'Isly, et la France compta une victoire de plus dans ses fastes guerriers.

« Que dirai-je de cette mémorable bataille d'Isly, qui rappelle, comme on l'a dit, celle des Pyramides, » s'écriait Mgr d'Orléans dans la cathédrale de Nantes en terminant la revue des hauts faits d'armes du héros africain. Il y avait eu peut-être quelque dissentiment au conseil de guerre entre le général Bugeaud et le lieutenant général de La Moricière [1]. « Celui-ci doutait que le moment de livrer bataille fût venu. « Après la victoire, tous nous étions, me racon» tait un des acteurs de cette grande bataille, » fatigués, anéantis; nous avions passé vingt» quatre heures à cheval, par une chaleur de » cinquante-quatre degrés.... Nous étions tous

encore dans le Sud, se dirigèrent vers le Maroc. Cette réunion, reconstituée sur des bases moins importantes, prit le nom de *deïra*.

[1] Il avait été nommé lieutenant général le 9 avril 1843. — La bataille d'Isly fut livrée le 14 août 1834.

» là, couchés par terre, nos chevaux comme » nous. La Moricière seul était debout, allant et » venant. S'approchant d'un de ses aides de » camp, « Eh bien ! mon cher, lui dit-il, c'est » le vieux maréchal qui avait raison. » Mais lui, » dans l'action, avait si bien fait son devoir, que » son nom fut cité le premier à l'ordre du jour » de l'armée par le maréchal Bugeaud [1]. »

L'issue favorable de la campagne contre le Maroc semblait avoir assuré la tranquillité de toute l'Algérie. Le gouverneur général, devenu duc d'Isly, crut pouvoir en profiter pour aller se reposer quelque temps en France, après un séjour de quatre ans en Afrique, laborieusement et glorieusement employés. Il partit le 16 novembre, en laissant le gouvernement par intérim de l'Algérie au général de La Moricière.

La clause du traité de Tanger, par laquelle l'empereur du Maroc s'obligeait à expulser ou à interner Abd-el-Kader, ne fut pas exécutée. Notre dangereux ennemi resta longtemps campé sur la rive gauche de la Malouïa, dans le voisinage de nos possessions. De là il envoyait des émissaires

[1] Oraison funèbre du général de La Moricière.

pour soutenir les tribus, leur faisant annoncer que l'empereur du Maroc devait bientôt se joindre à lui pour attaquer les Français par le sud et par l'ouest. A la fin de l'été de 1845, on vit donc éclater une grande et suprême insurrection. L'Afrique était de nouveau en feu. Abd-el-Kader, après la funeste journée du 22 septembre[1], s'était rapproché d'Oran sans rencontrer d'obstacle. A cette nouvelle, le général de La Moricière y court d'un bond, et reprend contre l'émir, avec le général Cavaignac, cette lutte sans trève qui doit durer deux années encore, et, après des exploits incessants, se terminer enfin par la prise de notre redoutable ennemi et la soumission complète de la terre africaine.

Avant d'arriver à ce dernier fait d'armes de La Moricière, arrêtons un instant nos regards, non plus sur le vaillant capitaine conduisant ses bataillons à la victoire, mais sur le gouverneur de la province d'Oran. Voyons-le exerçant ces difficiles fonctions avec un éclat dont le souvenir vivra de longues années dans la colonie. Sa pro-

[1] Destruction du 8e bataillon des chasseurs d'Orléans. — Héroïque épisode du marabout de Sidi-Ibrahim.

digieuse activité d'esprit, jointe à une puissance incomparable de travail, lui permettait de mener de front, et avec une égale supériorité, l'administration, la colonisation et les opérations militaires. Le mérite de ses vues pour le bien de l'Algérie est attesté par un important *Mémoire* sur la colonisation de la province d'Oran, travail aussi intéressant par ses aperçus historiques que par ses conclusions pour l'avenir [1]. Une entreprise aussi vaste que la colonisation de l'Algérie ne pouvant, selon lui, être accomplie par l'Etat ni par l'armée à sa solde, La Moricière adoptait le principe de la transformation coloniale par l'élément civil. Il faisait donc appel aux grands capitalistes, et demandait seulement des subsides à la métropole, afin de les allouer en primes aux capitaux. Ces primes devaient s'élever au quart des dépenses effectuées sur le territoire rural, et le chiffre devait être déterminé par une commission après accomplissement définitif des travaux agricoles. Tel était sommairement le système

[1] Cet ouvrage forme, avec un remarquable rapport sur les haras, publié en 1850, les seuls écrits du général de La Moricière.

de La Moricière, qui semble offrir en effet des avantages réels, mais dont il ne nous appartient point de discuter ici la valeur. Disons seulement que ce système, formulé en loi après avoir subi une modification, a reçu un commencement d'exécution dans la subdivision d'Oran.

Le général La Moricière, ardent ami de son pays, voulait que la France recueillît à son profit le brillant héritage conquis par nos armes, et que de nombreux enfants de la métropole vinssent planter leurs tentes sur ce fertile sol, devenu pour eux une nouvelle patrie. A Oran, dans un banquet que lui offraient, vers 1845, les colons français, il prononça sur l'avenir de notre colonisation ces belles paroles :

« Il y a bientôt quinze ans que nous luttons sur le sol de l'Algérie pour en assurer la possession à la France ; l'œuvre de la conquête s'avance ; la tâche de l'armée s'accomplit. Mais nous ne sommes pas venus cueillir des lauriers stériles. Il faut qu'une population française vienne se grouper sur la terre conquise *autour du drapeau de la nation* ; *qu'elle le prenne dans ses mains, et qu'elle devienne assez forte pour le soutenir.* »

En attendant l'accomplissement de ses vœux pour le développement et la grandeur de la population française en Algérie, le général n'oubliait pas les indigènes. Il les traitait avec douceur; et il avait su, au reste, s'en faire aimer, respecter, et leur imprimer une haute idée de sa puissance et de sa justice. Ils recouraient volontiers à lui pour la réparation des torts commis à leur égard; et le général s'empressait de satisfaire à leur requête. Un jour, il reçut des députés d'une tribu riveraine du Thélat, petit cours d'eau qui descend des montagnes voisines. Depuis plusieurs années, les Arabes placés vers sa source avaient détourné les eaux à leur profit. Les députés vinrent se plaindre au gouverneur d'Oran: « Général, lui dirent-ils, le Thélat a tari, et nous n'avons plus d'eau. — Que voulez-vous que j'y fasse? dit le général avec sa vivacité ordinaire; je ne suis pas assez puissant pour faire couler vos sources. — Ce n'est pas ça, reprirent les députés, nos voisins d'en haut nous l'ont volée. — C'est différent, reprit le général; et puisqu'il en est ainsi, je vous la ferai rendre. » Il envoya des cavaliers: dès qu'ils parurent, les

Arabes remirent les eaux dans l'ancien lit; et depuis lors le Thélat a coulé comme autrefois dans la plaine [1]. »

L'agha Mustapha, notre allié, tenait en son pouvoir, et allait mettre à mort un déserteur de la tribu des Douairs, que le général de La Moricière avait dû lui renvoyer, en le recommandant toutefois à sa clémence. L'agha indigné ne voulait rien entendre. Son fusil en main, il regardait d'un air terrible le malheureux Arabe, tandis que son neveu, Ismayl, ému de pitié, flattait le cou du magnifique cheval que montait le vieux chef, en exaltant la vaillance et la générosité de son maître. Quand Ismayl se tut, il y eut un moment de silence. Mustapha parut faire un effort : « Va, chien, dit-il au déserteur, tu devrais mourir; mais va dire à mon ami le général La Moricière que je te fais grâce *parce que tu as eu le bonhenr de toucher son cheval* [2]. »

Ecoutons maintenant le vénérable évêque d'Angers : « Le bon grain, dit-il, germe même sous

[1] *Voyages en Algérie*, par M. Carron.

[2] Voir ce récit dramatique dans le livre de M. Veuillot : *Les Français en Algérie*.

la couche des frimas pour porter la moisson dans son temps, et nous savons comment, dans sa province d'Oran, il (La Moricière) servait les intérêts religieux. Il encourageait les ecclésiastiques, et en particulier M. le curé d'Oran. Des notes précieuses nous ont appris qu'il avait avec lui les relations les plus fréquentes et les plus affectueuses, et, bien qu'alors il négligeât la pratique des devoirs du chrétien, il portait au progrès du catholicisme le plus grand intérêt; il encourageait son curé dans cette mission laborieuse, il entourait d'éclat les cérémonies de l'Eglise, et, à la Fête-Dieu, il faisait rendre au saint Sacrement tous les honneurs militaires[1]. »

Quelques pages d'un livre d'un touchant intérêt, racontant trois voyages ou visites pastorales de Mgr Dupuch dans les provinces d'Alger, d'Oran et de Constantine, nous montrent rapprochés un instant deux nobles cœurs, dignes de s'apprécier et de se comprendre. Nous cédons au plaisir de reproduire ici ce gracieux épisode, retracé avec une simplicité charmante par un prêtre

1 Discours de Mgr l'évêque d'Angers, prononcé dans l'église de Louroux-Bécannais le 6 novembre 1865.

qui a laissé lui-même sur la terre d'Afrique les plus honorables souvenirs [1].

C'était au mois d'avril 1845. Mgr Dupuch, accompagné de M. l'abbé Carron, son vicaire général, de M. l'abbé Bernadou, curé de la cathédrale d'Alger [2], d'un jeune artiste et de trois autres personnes, visitait la province d'Oran. La petite caravane venait d'arriver dans la ville d'Oran.

« A peine étions-nous descendus au presbytère, dit M. Carron, qu'un aide-de-camp du général de La Moricière vint, suivant l'usage, inviter à dîner Monseigneur et sa suite... Il fut réglé avec lui que nous n'irions pas deux fois au château, et que le lieutenant général recevrait notre visite le soir avant le dîner... Nous nous installons au presbytère; M. l'abbé Drouet, curé d'Oran, cède au prélat son salon et sa chambre à coucher, et s'établit dans une pièce voisine, séparée de celle-ci par une seule toile, genre de mur vite construit et qui a l'avantage de laisser

[1] Voir *Voyages en Algérie* par M. l'abbé Carron, ancien vicaire général d'Alger.

[2] Aujourd'hui évêque de Gap.

à l'air une libre circulation. M. l'abbé Bernardou occupa dans le presbytère une autre petite pièce, et j'allai m'établir dans une maison que les pères jésuites venaient d'abandonner. Oran fut le point central d'où nous rayonnâmes dans toutes les parties de la province. Pendant tout le temps qui précéda et suivit nos voyages, M. le curé d'Oran donna au préfet et à sa suite une noble et splendide hospitalité.

» Le soir venu, on fait toilette, c'est-à-dire qu'on jette sur ses épaules le petit manteau parisien, qui dans la capitale est d'un faible secours contre le froid, mais qui est fort commode en Afrique où les chaleurs sont étouffantes. Le manteau endossé et un rabat frais posé sous le menton, nous nous acheminons vers le château. Ce château, c'est l'arche de Noé; on y trouve tout à la fois un fort, un palais et des jardins suspendus sur des rochers comme ceux de Babylone l'étaient sur ses murs. C'était, avant la conquête, la résidence du dey, et aujourd'hui celle du commandant de la province. Outre la partie qu'il occupe, et qui est un véritable palais, on a réuni dans cette vaste enceinte la poste, le trésor, la caserne, etc. Cet immense édifice est environné de tous côtés de remparts qui s'élèvent à une grande hauteur, et dont une partie regarde la ville et l'autre la mer.

» Nous entrons, et c'est dans un de ces jardins suspendus que le général nous reçoit. Les premiers compliments échangés, on s'assied, on cause avec bonheur sous un ciel délicieux, et quelque temps après on se lève pour se mettre à table. Encore une salle féerique, toute resplendissante de l'éclat des ornements, des lustres et de la vaisselle. Mgr Dupuch occupa la place d'honneur comme il convenait; et j'eus la gauche du général comme vicaire général de la province. J'avoue que ce fut pour moi un moment de bonheur. Vous qui aimez les lettres [1], vous savez qu'on se passionne pour les héros d'Homère, de Virgile et des autres poëtes. En lisant les combats de nos guerriers en Afrique, je faisais de même, et prenais parti pour eux. Or celui qui m'apparaissait toujours comme environné d'une auréole, c'était La Moricière. Ce

[1] L'auteur s'adresse sans doute à Mgr de Prilly, évêque de Châlons, à qui son livre est adressé.

culte allait si loin que, de retour à Paris, après mon premier voyage en Afrique, et sans avoir jamais vu le général, j'allai visiter l'institution Jubé où il avait achevé ses études, et ne fis point mystère au chef de l'établissement du motif qui m'amenait. Il eut la bonté de me faire parcourir la maison et me montra la chambre qu'avait occupée le général encore élève.

Après le dîner, M. de La Moricière me prit à part : « Il y a, me dit-il, des affaires à ré-
» gler dans cette fabrique. On m'en a parlé quel-
» quefois; mais, vous le comprenez, ce n'est
» pas là mon affaire. — C'est la mienne, général,
» lui dis-je, et j'espère vous délivrer de ce soin
» dès que Monseigneur aura visité la province
» et sera reparti pour Alger. » Là commencèrent entre M. de La Moricière et moi des rapports qui sont toujours allés croissants en bonté de la part du général, et pour lesquels j'ai pu lui témoigner ma reconnaissance dans une occasion importante....

» Deux jours après, un mouvement des tribus emporta le général dans les environs de Mascara. De son côté, Mgr Dupuch se disposait à visiter

Arzeu. Avant son départ, le général Thierri, qui remplaçait M. de La Moricière, vint voir le prélat et le prier de rester pour célébrer à Oran la fête du roi. Nous touchions à la fin d'avril, et Monseigneur tenait à voir Arzeu avant la fête. Il fut donc réglé entre le général et lui qu'on ne mettrait que trois ou quatre jours pour le voyage d'Arzeu, et qu'on serait de retour à Oran le 1er mai [1]. »

Nos braves généraux d'Afrique étaient, au reste, tous remplis de la plus haute déférence pour le pontife, de douce et charitable mémoire, dont le nom seul rappelle tant de vertus et de travaux. Si d'Oran nous suivons Mgr Dupuch à Tlemcen, où commandait alors le général Cavaignac, digne ami de La Moricière, un tableau du même genre viendra encore charmer nos re-

1 Le prélat revint, comme il l'avait promis, célébrer à Oran la fête de la saint Philippe. Par les soins du général, un autel qui s'élevait à une très-grande hauteur, avait été dressé hors de la ville, sur les collines de Karguentah. Mgr Dupuch y célébra la messe, au milieu des troupes de toutes armes, à travers le bruit des tambours, des fanfares et du canon, et en présence de toute une population attirée par la majesté d'un de ces spectacles du culte catholique, auxquels les Arabes assistent toujours en grand nombre, aussi recueillis que les chrétiens.

gards. « .... Avant que nous eussions atteint l'enceinte de la ville, dit M. Carron, des soldats arrivent, s'emparent de nos valises, et nous conduisent chez le général, qui fit au prélat l'accueil le plus distingué. Mgr Dupuch, M. le curé d'Oran et moi logeâmes au palais, ou plutôt dans l'élégante maison mauresque qu'il habitait, et pendant six jours que nous passâmes à Tlemcen, nous n'eûmes point d'autre table que la sienne. »

Serait-ce trop nous écarter de notre sujet que de prolonger cette petite digression? Nous ne le pensons pas. En rappelant les beaux souvenirs de La Moricière, nous aimons à rappeler aussi ceux qui honorent son vaillant frère d'armes. Il nous est doux en même temps de rendre ici hommage aux vertus d'un saint pontife, trop peu connu, dont la mission de paix et de charité sur ce même théâtre fut glorieuse à son tour comme la mission guerrière de nos héros africains. Poursuivons donc un moment encore le récit du pieux voyageur.

« Le lendemain de notre arrivée à Tlemcen, dit M. Carron, le corps des officiers vint faire visite au prélat, comme le général le lui avait annoncé la veille. Ils se réunirent dans la petite cour mauresque, et le prélat leur adressa quelques paroles chaleureuses et pleines d'à-propos. Il avait pour ces sortes d'allocutions un talent tout particulier. Il savait non-seulement l'arme et les corps qui se trouvaient sur son passage, mais les droits que chacun avait à l'estime et à la reconnaissance du pays. Il rappelait ces titres de gloire, et arrivait parfois jusqu'aux simples soldats que recommandait quelque action éclatante. Ces militaires étaient flattés de voir que rien de ce qui les regardait n'était étranger au pontife, et leur satisfaction se traduisait pour nous en prévenances et en attentions de tout genre.

» Le général Cavaignac avait, bien avant l'arrivée de Mgr Dupuch, restauré et transformé en église une ancienne synagogue. Il avait dit aux Juifs, très-nombreux à Tlemcen : « Vous avez » plusieurs synagogues ; je n'ai point d'église » pour mon culte ; vous m'en donnerez une. » Et les Israélites, faisant de nécessité vertu, l'avaient cédée gracieusement. Il y avait aussitôt mis les ouvriers, et l'église était presque entièrement restaurée quand le prélat arriva. Le général avait aussi fait préparer un presbytère, le plus beau que j'ai vu en Algérie. C'était une petite maison mauresque avec la cour intérieure : deux pieds de vigne plantés dans la cour même la couvraient tout entière. Cette maison n'avait qu'un rez-de-chaussée. Le général avait fait ajouter un premier étage, qui était achevé à notre arrivée. Un terrain où coulaient de belles eaux, attenant à la maison, était destiné au jardin qui communiquait à celui des militaires, déjà en pleine culture, tout paré de belles fleurs et planté de grands arbres qui pour croître n'avaient pas attendu la présence des ennemis.

» Dès le jour de notre arrivée, il avait été arrêté que le prélat prendrait possession de la synagogue et y dirait la messe. En effet, le lendemain de bonne heure, les derniers préparatifs étant terminés, Monseigneur se rendit à la nouvelle église. La troupe qui assistait à la cérémonie était, partie dans l'enceinte, partie en dehors et devant la porte, où la population de Tlemcen s'était aussi rassemblée. Pendant que nous aidions, M. le curé d'Oran et moi, le prélat à se revêtir de ses habits pontificaux, le général entre suivi de son état-major, et pénètre dans l'étroit sanctuaire, où des siéges avaient été préparés pour lui et pour les officiers. S'approchant alors de moi, il me demanda de l'air le plus modeste la place qu'il devait occuper. « Voilà, général, » lui dis-je en lui indiquant le siége d'honneur qui l'attendait ; et j'admirai le tact si délicat du guerrier, roi de Tlemcen, qui, entrant dans le temple, se reconnaissait l'inférieur du prélat et voulait recevoir de lui sa place.

» Monseigneur dit la messe, et après l'évangile, se tournant vers ces braves, il leur adressa de nobles paroles où éclatait son affection pour l'armée. Il avait en face de lui le Méchouar, cette citadelle des rois de Tlemcen, que les Coulouglis avaient défendu pendant cinq ans contre Abd-el-Kader pour l'ouvrir ensuite à nos braves. Cette vue lui fournit des traits éloquents, et il n'eut garde d'oublier l'illustre général qui était à leur tête, et qui en récompense avait été chargé de le garder.... [1] »

[1] *Voyages en Algérie*, par l'abbé Carron. — Le pieux auteur ajoute que les généraux d'Afrique, soit politesse pour leur

Telles étaient les relations de nos généraux d'Afrique avec l'évêque d'Alger et son clergé.

hôte, soit penchant aux études sérieuses, donnaient volontiers place à leur table aux considérations religieuses. « Un soir, dit-il, chez le général Cavaignac, un des convives fit une sorte de parallèle entre les Juifs qui fourmillaient à Tlemcen, les Musulmans parmi lesquels nous vivions, et les Chrétiens. Là-dessus le général Cavaignac fit cette réflexion, dont tout le monde admira la justesse : « Il est remarquable, dit-il, que les trois » religions qui ont réuni dans leur sein le plus de croyants, la » juive, la musulmane et la nôtre, ajouta-t-il avec un accent » de respect qui la mettait tout à fait à part, ont toutes trois » pris naissance dans la même contrée. Le Sinaï, la Mecque et » Jérusalem, source de ces trois grands fleuves, sont trois » points peu distants les uns des autres, et qui se trouvent » réunis dans un coin de l'Asie occidentale. »

CHAPITRE IV

Le général de La Moricière vainqueur d'Abd-el-Kader

Abd-el-Kader était aux abois. Abandonné par l'empereur de Maroc qui voulut enfin se défaire d'un compétiteur dangereux, désespérant de la fortune, il avait envoyé sur le territoire français les femmes, les enfants, les vieillards de sa deïra, les confiant à la générosité de ses ennemis chrétiens. Il essaya alors de se jeter au désert. Le général de La Moricière l'attendait au passage.

Vers la fin de décembre 1847, le duc d'Aumale, gouverneur général de l'Algérie, s'empressait d'adresser au ministre de la guerre une dépêche commençant et finissant ainsi : « Un grand évènement vient de s'accomplir : Abd-el-

Kader est dans notre camp! Battu par les Kabyles du Maroc, chassé de la plaine de la Moulouia par les tribus voisines, abandonné par la plus grande partie des siens qui s'étaient réfugiés sur notre territoire, il s'était jeté dans le pays des Béni-Snassens, et cherchait à prendre la route du Sud que l'empereur du Maroc avait laissée libre; mais cerné par notre cavalerie, il s'est confié à la générosité de la France, et s'est rendu sous la condition d'être envoyé à Alexandrie ou à Saint-Jean d'Acre.....

» Aujourd'hui même, dans l'après-midi, Abd-el-Kader m'a été amené à Nemours, où j'étais arrivé le matin; j'ai ratifié la parole donnée par le général La Moricière. »

Le jeune prince ajoutait : « Votre Excellence trouvera dans le rapport de cet officier général, que je lui adresse en entier, les détails dramatiques de cette négociation. »

Ce rapport, ainsi daté, *Au bivouac de Sidi-Mohammed-ben-Ouassim*, 22 *décembre* 1847, *minuit*, nous apprend en effet les principaux détails de ce grand événement. La Moricière avait été prévenu par des cavaliers échelonnés le long de la frontière, que l'émir cherchait à gagner le désert. Il pensa qu'il devait avoir déjà gagné le pays des Beni-Snassens, mais il s'agissait d'en sortir. Sa route présumée étant le col de Kerbous, le général s'empressa de faire garder ce passage ; et deux détachements de vingt spahis choisis, revêtus de burnous blancs, commandés, le premier par le lieutenant Ben-Krouïa, l'autre par le sous-lieutenant Brahim, sont chargés de cette mission. Le général, après avoir fait prendre les armes à sa colonne, s'avance lui-même rapidement avec sa cavalerie. L'émir a pour lui l'obscurité, un pays difficile, sillonné de sentiers inconnus de nos éclaireurs; la fuite pouvait lui être encore facile. Mais bientôt deux de ses cavaliers, amenés par Ben-Krouïa lui-même, viennent annoncer au général qu'il est décidé à se rendre, et qu'il demande seulement à être conduit à Saint-Jean d'Acre ou à Alexandrie.

« Ben-Krouïa, dit La Moricière dans son rapport, avait causé lui-même avec l'émir, qui lui avait remis une feuille de papier sur laquelle il avait apposé son cachet, et sur laquelle le vent, la pluie et la nuit l'avaient empêché de rien écrire. Il me demandait une lettre d'aman pour lui et ceux qui l'accompagnaient. Il m'était impossible d'écrire, par la même raison qui s'était opposée à ce que l'émir pût le faire; et de plus, je n'avais point mon cachet. Ces hommes voulaient absolument quelque chose qui prouvât qu'ils m'avaient parlé. Je leur remis mon sabre et le cachet du commandant Bazaine, en leur donnant verbalement la promesse d'aman la plus solennelle. Les deux envoyés de l'émir me demandèrent de les faire accompagner par Ben-Krouïa, que je fis repartir avec quatre spahis.

» Tout cela se fit en marchant; car je voulais néanmoins arriver avant le jour au point de notre frontière le plus rapproché du col de Kerbous. Parvenu à ce point, vers cinq heures et demie, j'y restai jusqu'à onze heures et demie. Je ne recevais aucune réponse : mais j'étais bien convaincu que la présence de ma cavalerie avait fait renoncer l'émir à traverser la plaine. A ce moment, j'ai dû prendre des dispositions différentes. Nos coureurs avaient rencontré et m'avaient amené plusieurs cavaliers qui erraient à l'aventure dans le pays, et peut-être dans le dessein de rejoindre Abd-el-Kader... J'envoyai alors le colonel Montauban, avec cinquante chevaux, bivouaquer près de la deïra. Je fis partir le colonel Mac-Mahon, pour aller camper sur les puits de Sidi-Bendjenan, avec les zouaves et un bataillon du 9e de ligne; et après être resté encore près de deux heures en observation, j'ai regagné mon camp avec le reste de mes troupes.

» La venue de tous les hommes avec lesquels j'ai causé ce soir me montrait l'abandon dans lequel était l'émir, et me portait à croire à l'embarras très-réel dans lequel l'avaient mis nos quelques coups de fusil de cette nuit. J'avais commencé cette lettre sous cette impression, lorsque me sont revenus Ben-Krouïa et les deux émissaires d'Abd-el-Kader. Il me rapportait mon sabre et le cachet du commandant Bazaine, et, en outre, une lettre de l'émir.... Je vous adresse ci-joint copie de la traduction de cette lettre, ainsi que de la réponse que j'y ai faite.

» J'étais obligé de prendre des engagements; je les ai pris, et j'ai le ferme espoir que Votre

Altesse royale et le gouvernement les ratifieront, si l'émir se fie à ma parole.... »

Ces engagements étaient la promesse que l'émir et sa famille seraient transportés, suivant sa demande, à Alexandrie ou à Saint-Jean d'Acre. Abd-el-Kader, comptant sur la parole du général, se livra donc à lui. La Moricière, après l'avoir fait protéger par le colonel Mac-Mahon, le reçut avec le respect dû à la bravoure et à l'infortune.

La France était enfin maîtresse de l'Algérie. La Moricière avait rendu cette terre à jamais française, en réduisant Abd-el-Kader à livrer son épée. Sa carrière en Afrique était dès lors terminée : il revint sur sa terre natale.

Il lui restait encore cependant un dernier devoir à remplir à l'égard de son ennemi vaincu. Suivons-le donc à la tribune de la chambre des députés [1], donnant des explications nettes et précises sur sa conduite dans ce grave événement, et achevant de justifier devant la France et devant l'histoire les réclamations sacrées de l'illustre captif. On n'a point oublié aussi cette mémorable séance du 17 janvier 1848, à la cour des pairs,

[1] Il était député depuis 1846.

dans laquelle M. Guizot, président du conseil, interpellé vivement à ce sujet, répondait : « Il y a deux grands intérêts à concilier ici : le premier, l'intérêt de l'Etat ; et, en même temps, il faut tenir grand et loyal compte des paroles dites, des promesses faites. J'ai la confiance que le gouvernement du roi conciliera ces deux intérêts ; j'ai la confiance qu'il trouvera le moyen d'acquitter loyalement ses promesses. »

A ce langage, le brave général Fabvier, après le prince de la Moskowa et comme lui, répliquait par de nobles paroles :

« .... Les intérêts de la France et son honneur seront parfaitement unis dans une ratification désormais indispensable ; car l'intérêt de la France ne peut être séparé de sa bonne renommée.... Messieurs, songez à ne pas toucher à l'honneur si précieux de la France ; rappelez-vous le roi Jean, François Ier, Henri IV, ces premiers gentilshommes de leur royaume. J'ajouterai un seul mot : Si vous touchez à l'honneur de la France, adieu la victoire ! »

La Moricière, donnant, quelques jours après, à la chambre des députés, l'intelligence des événements, expliquant, commentant sa dépêche, et l'engagement pris, signé le 23 décembre au matin..., offrait un spectacle étrange et rare dans l'histoire : celui d'un général vainqueur venant se justifier devant son pays de la plus difficile des victoires !... Il sortit vainqueur encore cependant de cette nouvelle lutte. On lui avait dit : « Vous teniez le col par où seulement pouvait passer l'émir ; vous pouviez donc prendre Abd-el-Kader. » Le général répond que l'émir, embarrassé de son convoi, devait prendre un col qui lui était connu, un chemin facile, mais qu'il pouvait passer partout ailleurs avec sa cavalerie. « Il fallait continuer, a-t-on dit, au lieu de parlementer... » Savez-vous ce que j'aurais pris, si j'avais continué ? J'aurais pris le convoi ; j'aurais fait une razzia de plus ; je vous aurais rendu compte que j'avais pris la tente d'Abd-el-Kader, son tapis, une de ses femmes, peut-être un de ses khalifes (*on rit*) ; mais lui, avec ses cavaliers, il serait parti pour le désert....

» Ici vient une autre objection : Abd-el-Kader ne pouvait donc s'échapper qu'avec quelques cavaliers ; il serait arrivé presque seul au désert. N'ayant plus sa deïra, vous n'aviez rien à craindre, et il valait mieux qu'il fût là qu'à Alexandrie.

» Je répondrai d'abord que s'il est mieux dans le désert qu'à Alexandrie, il est toujours temps de l'y envoyer ; il ne demandera pas mieux. (*On rit sur tous les bancs.*)

» Mais Abd-el-Kader seul, dépouillé, abandonné de son monde, n'ayant avec lui que quelques cavaliers dévoués, nous l'avons déjà vu dans le désert, et tout le monde sait ce qu'il y a fait. »

» Il y a encore des personnes qui admettent les explications que je viens de donner; mais qui, avec un pessimisme incroyable, disent : « C'est égal; c'est fâcheux qu'on n'ait pas pris Abd-el-Kader.

« Eh bien, si on l'avait pris, le fait matériel serait plus net, plus simple, plus grand si vous le voulez; mais, permettez-moi de le dire, l'effet moral serait moindre... etc.[1] »

[1] Extrait du *Moniteur*. — On sait comment, ni le gouvernement de Louis-Philippe, ni la république qui lui succéda, n'ayant ratifié l'engagement pris par le général de La Moricière et

La Moricière, en revenant en France au commencement de 1848, emportait avec lui une réputation non moins pure que brillante et populaire. Il rentrait dans sa patrie avec le prestige des victorieux, rehaussé par celui d'une rigide intégrité, dont ses dignes et glorieux frères d'armes, les généraux Bedeau, Changarnier, Cavaignac, étaient avec lui les représentants. L'audace de son courage, l'habileté de sa stratégie, le nombre et l'éclat de ses exploits étaient rehaussés aussi par une humanité et une générosité dont il donna plus d'un exemple.

Redisons-le donc : « En s'éloignant de ces rivages qu'il avait abordés obscur et jeune, et qu'il quittait illustre sans paraître vieilli, il en emportait un souvenir plus précieux que le bruit de ses exploits : sa gloire était sans tache, ses mains toujours ardentes au combat ne s'étaient pas souillées des abus de la victoire. Au temps

le duc d'Aumale, Abd-el-Kader, enfermé d'abord au fort Lamargue à Toulon, puis transféré au château de Pau, fut amené, en novembre 1848, au château d'Amboise, jusqu'au moment où le prince Louis-Napoléon, alors président de la république, alla lui-même lui annoncer sa mise en liberté et la permission de se rendre dans une ville de Turquie.

où l'irritation contre un ennemi qui massacrait nos soldats prisonniers était montée à son comble, La Moricière, poursuivant un jour une tribu soulevée contre nous malgré ses serments, et l'ayant poussée jusqu'à la mer, arrêta tout à coup ses colonnes et suspendit sa vengeance. Quelle crainte s'était donc emparée de son âme intrépide ? Lui-même va nous le dire : « Dans » la disposition d'esprit où étaient nos soldats, » cette vengeance aurait été peut-être trop sé- » vère. » Belles et touchantes paroles qui relèvent l'homme dans le guerrier, et attestent la crainte des excès au sein d'un courage que n'arrêtaient pas les obstacles[1]. »

[1] *Le Général de La Moricière*, par le vicomte de Meaux.

CHAPITRE V

La Moricière député, colonisateur

Depuis 1846, le général de La Moricière défendait à la tribune les intérêts de l'Algérie. Ce fut l'œuvre de la colonisation qui le décida à entrer dans la vie politique [1]. En effet, l'Algérie conquise, il fallait achever l'œuvre des armes. « Et la colonisation était, selon lui, la plus grande chose peut-être que la France eût à entreprendre de nos jours. »

Trois députés honorables [2], poussés par une

[1] Elu député de Saint-Calais (Sarthe), le 11 octobre 1846, en remplacement de M. G. de Beaumont, qui avait eu une double élection. — En 1848, il fut nommé par le même département à l'Assemblée législative.

[2] MM. de Tocqueville, de Beaumont et de Corcelles.

curiosité patriotique vers notre conquête qu'il fallait affermir, étaient venus visiter le général sous sa tente. Frappés de ses entretiens toujours brillants et lucides, et admirant les richesses de cet esprit inventif et organisateur, ils avaient engagé le général à les suivre eux-mêmes dans l'enceinte où se débattaient alors tous les systèmes proposés et où se décidaient toutes les questions. La Moricière, sous les auspices de ces trois hommes éminents, entra donc à la chambre des députés; il y prit place dans les rangs de l'opposition modérée. Par un privilége bien rare, il lui fut donné de conquérir promptement, sur ce champ de bataille tout nouveau et si difficile, une notoriété et une autorité presque aussi reconnues et aussi légitimes que sur le théâtre de ses faits d'armes d'Afrique.

Un excellent juge en cette matière, qui fut son collègue à la chambre, a tracé de lui ce portrait d'une fidélité saisissante : « La Moricière avait le don de l'éloquence.... Il réunissait les trois qualités très-rares que le plus brillant des orateurs contemporains, M. Thiers, exigeait dernièrement chez les hommes qui aspirent à gouverner : l'intelligence des affaires du pays, le talent de les exposer, le caractère nécessaire pour les défendre. Mais à l'encontre de la règle ordinaire, son éloquence n'était nullement le résultat du travail. Chez lui, l'orateur ne se dégagea pas lentement, comme cela est arrivé aux plus illustres, en marchant d'étape en étape par un progrès continu vers la perfection. Il se révéla tout à coup comme un improvisateur hardi et heureux qui, sur un terrain bien choisi, n'avait rien à redouter de personne. Il se moquait volontiers de ceux qui passaient pour éloquents sans avoir sa facilité primesautière. « Vous autres, académiciens, disait-il, vous » avez toujours besoin de faire la toilette de » votre parole; vous n'êtes jamais prêts quand » on a besoin de vous. » Quant à lui, il l'était toujours; et c'était un vrai plaisir de l'entendre et de le voir s'élancer à la tribune comme à cheval, l'enfourcher pour ainsi dire et la maîtriser tout d'abord avec l'aisance d'un parfait cavalier; puis aborder les questions les plus compliquées, provoquer les adversaires les plus redoutables, tels que M. Thiers lui-même, dominer le tumulte, ramener et enchaîner l'attention distraite, instruire et charmer ceux même qu'il ne parvenait pas à convaincre. L'œil étincelant, la tête haute, la voix saccadée, il semblait toujours sonner la charge en parlant. Il maniait les chiffres, les images, les arguments avec autant de prestesse, d'élan et de sans-gêne que ses zouaves. Souple et impétueux, bondissant comme la panthère, il tournait autour de son adversaire comme pour chercher le point vulnérable avant de se jeter sur lui et de le renverser. Rarement il descendait de la tribune sans avoir remué son auditoire, éclairci une question, dissipé un malentendu, réparé une défaite, préparé ou justifié une victoire. Jamais le fameux mot de Caton sur les Gaulois ne fut plus exactement vérifié que par La Moricière : *Rem militarem et argutè loqui*. Sous ce rapport, comme sous tant d'autres, il a été le plus Français des Français de notre âge [1]. »

Sur les bancs du Palais-Bourbon, La Moricière était le défenseur de l'Algérie. Il cherchait à faire prévaloir ce système de colonisation civile dont

[1] M. de Montalembert.

nous avons parlé plus haut; et l'opposition, heureuse de compter dans ses rangs le héros de Constantine et de Mascara, adopta ses vues sur l'Algérie, contraires aux vues de colonisation militaire du vainqueur d'Isly. Il avait pour but suprême le développement et la grandeur de la population française sur les plages d'Afrique; mais ses patriotiques vœux, redisons-le encore, ne lui faisaient pas oublier les indigènes. Un orateur avait fait un jour un magnifique tableau de l'envahissement de l'Amérique par la population anglo-américaine. « Oui, s'écria La Moricière, mais que sont devenus les Indiens? Ils ont été massacrés ou empoisonnés par le rhum et les liqueurs fortes. Ce que les Anglo-Américains ont fait des Indiens, nous ne voulons pas le faire des Arabes. De pareils procédés, de pareils moyens, de pareils crimes, nous n'en voulons pas; nous les repoussons au nom de la France, au nom de l'honneur de notre pays, au nom de la mission qu'il remplit dans le monde, au nom du christianisme. »

Sans doute La Moricière voulait qu'on laissât aux Arabes la liberté de leur culte; mais il voulait aussi qu'on les éclairât, et qu'on en fît des alliés, des frères, par cette civilisation chrétienne que la France a la mission de porter sur toutes les plages où elle a planté son drapeau vainqueur.

On se rappelle ces départs solennels de colons qui, à une époque déjà loin de nous, offraient au peuple parisien l'un de ces spectacles dont il est toujours si avide. C'était un tableau touchant autant que pittoresque, où la religion avait sa part. Un prêtre venait bénir ces familles d'émigrés français, allemands, irlandais, polonais, etc., qui s'embarquaient sur des bateaux pour remonter la Seine, et gagner ensuite les ports de Marseille ou de Toulon, pour de là faire voile vers l'Algérie, emportant des espérances, hélas! trop souvent trompées.... Il était d'usage qu'un orateur éminent leur adressât au départ le salut d'adieu. La Moricière revendiqua un jour cet honneur. On aime à rappeler ses belles et chrétiennes paroles d'adieu aux colons partant pour Alger.

« C'est au travail intelligent et civilisateur d'achever ce que la force a commencé. La poudre et la baïonnette ont fait en Algérie ce qu'elles pouvaient y faire; c'est à la bêche et à la charrue d'accomplir leur tâche.

» Mais rappelez-vous que ces plaines, que vous allez féconder de vos sueurs, ont été longtemps arrosées du sang de vos frères de l'armée, qui l'ont versé pour vous et sans espoir de récompense.

» Avant de vous quitter, permettez à un ancien soldat d'Afrique de vous dire que si jamais, en défrichant vos champs, vous trouvez dans les broussailles une croix de bois entourée de quelques pierres, cette croix vous demande une larme avec une prière pour ce pauvre enfant du peuple, votre frère, qui est mort là en combattant pour la patrie, et qui s'est sacrifié tout entier pour que vous puissiez un jour, sans même savoir son nom, recueillir le fruit de son courage et de son dévouement. »

« Cette croix, dont le général de La Moricière parle si noblement, ajouterons-nous avec un grand évêque, sera le complément nécessaire de l'œuvre civilisatrice.... Si nous n'avions pas planté la croix sur la terre algérienne, tous nos efforts de colonisation et de civilisation seraient nuls !... Ah ! je rougis pour mon pays, lorsque j'entends dire qu'on supprime d'une œuvre de civilisation l'élément le plus civilisateur ! Je rougis, quand on me raconte que les Arabes nous méprisent parce que nous sommes sans religion. Certes, je ne demande pas l'extermination des Arabes ! Laissons à d'autres ces procédés de civilisation. Mais je demande qu'on les éclaire, qu'on les persuade, et pour cela qu'on leur montre les vertus de l'Evangile. L'Evangile seul peut en faire des Français. Et si ce n'est pas l'œuvre de la politique, je demande au moins que la politique n'entrave pas cette œuvre et laisse au christianisme toute la liberté de son influence et de son action [1]. »

Pourrait-on convertir les musulmans? A cette question capitale, la foi chrétienne et l'expérience de dix-huit siècles répondent affirmativement. Eclairés par ce double flambeau, il nous est défendu de croire qu'il puisse exister jamais un peuple inconvertissable. « Les musulmans, dit à ce sujet l'auteur d'un excellent livre sur l'Al-

[1] Mgr Dupanloup.

gérie, n'ont pas été plus invincibles que les idolâtres du Japon et de la Chine, que les fétichistes et les sauvages de l'Afrique et de l'Océanie, que les philosophes de l'Europe. Tous les jours, à Constantinople, nos sœurs de charité leur apprennent à croire en Jésus-Christ avant même que les progrès de la civilisation les ait mis dans l'impossibilité de croire en Mahomet.... Sans dire au vaincu, *Crois ou meurs*, ni même, ce qui est moins dur et plus excusable, *Crois ou va-t-en;* sans lui demander en aucune façon l'abandon de son culte, la simple politique du bon sens conseille de lui faciliter tous les moyens d'y renoncer; et quand la religion du vainqueur est la religion chrétienne, c'est-à-dire la vérité divine; quand la religion du vaincu est l'islamisme, c'est-à-dire un amas de dogmes abrutissants et sauvages, ces efforts que le bon sens conseille, l'humanité ne les exige-t-elle pas? N'est-ce pas le premier des devoirs de mettre la religion chrétienne à même de travailler par les moyens qui lui sont propres, par la prédication et les bonnes œuvres, à la conversion des vaincus? Serait-ce une perfidie d'ajouter à son action les mesures d'administration qu'elle pourrait indiquer, d'ouvrir des écoles religieuses, d'accorder quelques faveurs aux néophytes, de combattre dans les mœurs et dans les coutumes ce qui s'opposerait le plus à un changement désirable sous tous les rapports ? Voilà tout ce que j'entends par *la force*. Je n'en exige pas d'autres secours. Son œuvre principale, c'est la conquête ; lorsque cette œuvre est accomplie, je ne lui demande que de croire en Dieu et de se montrer le moins possible[1]. »

Telles étaient les pensées de notre illustre général dans ses dernières années, surtout lorsque dans son exil, où Dieu l'avait conduit *pour lui donner le temps et le besoin de réfléchir et de regarder les choses du point de vue où on les voit ce qu'elles sont*[2], il reportait ses regards et ses vœux patriotiques vers cette terre africaine qu'il avait si puissamment contribué à rendre française. Ce n'est pas sans un dessein providentiel que le Dieu des armées a livré aux mains de

[1] Louis Veuillot : *Les Français en Algérie*.

[2] Expressions de La Moricière, dans une lettre écrite de Bruxelles en 1855.

la France un vaste empire voisin de ses rivages. Heureuse cette *fille aînée de l'Eglise* s'il lui est donné d'accomplir un jour sur ces plages encore barbaresques sa mission civilisatrice et chrétienne !

CHAPITRE VI

La Moricière aux journées de février et de juin 1848.
— Il est ministre de la guerre.

Il ne s'agissait plus de combattre à la tribune ni sur les plages d'Afrique. Voici d'autres combats sur un théâtre plus rapproché de nous, plus douloureux, à Paris même. La Moricière se trouvait dans la capitale lorsqu'éclata la révolution de février 1848. Il avait parcouru les barricades ; son coup d'œil militaire avait jugé la gravité méconnue de la situation, et il courait les rues dans les ténèbres pour l'étudier encore, lorsqu'on vint lui annoncer qu'il était ministre de la guerre dans un nouveau cabinet. Il suivit ses collègues aux Tuileries. On voulait le charger en même temps du commandement en chef de toutes les troupes. Mais il eût fallu enlever ce poste, au moment du danger, à son ancien et vaillant chef; c'était impossible : « Non, dit-il, on ne fait pas descendre de cheval un maréchal de France! » On lui demande alors de prendre le commandement de la garde nationale, qu'il fallait rallier dans les faubourgs avant de marcher à sa tête. « Tout ce que vous voudrez, dit-il, qu'on me donne un uniforme et un cheval. »

La Moricière se présente donc aux insurgés avec son intrépidité accoutumée. On le méconnut et l'outragea; il fut renversé de son cheval et blessé de deux coups de baïonnette. Il se relève cependant, et court à l'hôtel de ville défendre jusqu'au bout l'ordre social. Là, de nouveau renversé, il est foulé aux pieds par la multitude; frappé encore, puis sauvé à grand'-peine par d'anciens zouaves qui le reconnaissent et le ramènent chez lui. Le guerrier, épargné tant de fois sur les champs de bataille, avait failli périr sur une place publique. Mais Dieu gardait cette vie glorieuse.

La Moricière ne voulut ni servir ni combattre

le gouvernement provisoire qui sortit de cette émeute ; mais il promit d'accepter la république et de lui être fidèle, si elle voulait respecter et conserver l'armée. Nommé en mars 1848 membre de la commission de la défense nationale, il s'appliqua dès lors à sauver l'ordre, avec cette armée qui allait devenir, entre les mains de l'assemblée nationale et sous les ordres des généraux africains, le boulevard suprême de la civilisation menacée. Aux affreuses journées de juin, La Moricière était là à côté de Cavaignac, son ami, son frère d'armes, devenu son chef après avoir été son lieutenant. Retenu lui-même loin de la lutte par ses devoirs de chef du pouvoir exécutif, il s'était hâté de confier au héros de Constantine la principale part dans la répression de la plus terrible insurrection qui ait jamais éclaté dans notre capitale.

« Ceux qui étaient là, redirons-nous avec un noble écrivain ; ceux qui ont respiré l'atmosphère enflammée de ces jours solennels et terribles, parcouru ces rues étroites, encombrées par des barricades de cadavres empilés, et où coulaient littéralement des ruisseaux de sang, ces quais déserts et ces quartiers bloqués dont le silence lugubre n'était interrompu que par ce que Proudhon appelait *la sublime horreur de la canonnade ;* ceux qui ont dû délibérer durant trois jours et deux nuits au bruit de cette canonnade, pendant que les messages de mort venaient alterner avec les bulletins de la plus triste mais de la plus nécessaire des victoires, ceux-là seuls peuvent savoir à quel prix et par quels moyens on devient réellement le sauveur de son pays sans violer aucune des lois de la justice, de l'honneur ou de l'humanité.

» Ceux qui n'étaient pas là ne se feront jamais une idée ni de l'intensité du péril, ni du précipice béant où nous faillîmes être engloutis, ni de l'admirable mélange d'opiniâtre énergie et d'invincible patience qu'il fallut déployer pour vaincre ces masses égarées, mais intrépides, aguerries, désespérées, et dont un trop grand nombre d'anciens militaires dirigeaient les coups contre l'inexpérience de la garde mobile ou l'hésitation des troupes récemment rentrées dans Paris.

» La Moricière était plus que personne

l'homme de la situation. Sa fougueuse nature le délivrait de cette tristesse patriotique qui fut si visible sur le noble visage du général Cavaignac pendant toute la durée de cette crise sanglante qui devait l'élever au pouvoir suprême. En s'exposant comme à Constantine, et plus longtemps, plus dangereusement encore qu'à Constantine, en se lançant le premier contre les barricades que défendaient des adversaires tout autrement redoutables que les Arabes ou les Kabyles; en prolongeant la lutte avec une résolution encore plus acharnée que celle des insurgés, La Moricière leur arracha Paris. La confiance qu'il inspirait aux troupes, l'entrain, l'héroïque insouciance qui se mêlaient à son indomptable obstination triomphèrent de tous les obstacles et décidèrent la victoire. C'est grâce à cette victoire, et à elle seule, que la France fut tirée de l'abîme et préservée de la barbarie [1]. »

Qu'importent maintenant les détails? Ajoutons seulement, qu'avec l'armée, avec la garde mobile et avec la garde nationale, La Moricière

[1] M. de Montalembert.

sauva la société, en attaquant et écrasant l'émeute dans ses plus redoutables et derniers retranchements. Il fut vainqueur, en effet, au faubourg du Temple et au faubourg Saint-Antoine, où venait de tomber le bon pasteur en disant : « Que mon sang soit le dernier versé ! »

Reportons-nous au lendemain de cette victoire. Paris et la France respiraient, « se sentant délivrés de la plus épouvantable des menaces, celle du pillage et de la ruine. On n'avait pas assez de couronnes pour ces hommes qu'on appelait alors les héros et les sauveurs. » Et en vérité, La Moricière et Cavaignac méritaient alors justement ces beaux noms qu'ils méritent encore. On l'a trop oublié depuis.

Cavaignac, accueillant avec bonheur et reconnaissance son ancien frère d'armes revenant triomphant de la lutte, s'empressa de mettre le sceau à cette acclamation générale en associant La Moricière à son gouvernement comme ministre de la guerre[1] et commandant en chef de l'armée de Paris.

Ministre de la guerre, La Moricière resta ce-

[1] Le 28 juin 1848.

qu'on le connaissait, organisateur habile, ami de son pays, soutien énergique et éloquent des droits de l'armée. Il n'eut garde d'oublier sa chère Algérie. On le vit alors provoquer le décret de l'assemblée constituante du 19 septembre 1848, qui ouvrait un crédit de cinquante millions pour l'établissement de colonies agricoles dans nos possessions d'Afrique. Des études préparatoires pour la colonisation de la province d'Oran avaient antérieurement été faites et publiées sous sa direction. Chacun avait pu apprécier depuis longtemps la sagesse et l'élévation de ses vues à cet égard.

« Il y eut alors, comme le dit un grand écrivain, une courte période de confiance, d'union, de calme et de sérénité relative. Ces jours, bien que cruellement laborieux, durent être doux aux deux amis, placés à la tête du pays qu'ils venaient de sauver et qui ne leur marchandait pas alors une gratitude si bien méritée. Leur union intime et fidèle, cordiale et patente, contribua souvent au bien-être de cette éclaircie. Elle reçut une consécration officielle et touchante pendant la discussion de la constitution, à l'occasion des articles relatifs à la force publique. Ce fut une belle scène. Un imprudent, à propos de l'avancement quelque peu irrégulier du futur maréchal Bosquet, avait accusé de camaraderie le ministre de la guerre et parlé de ceux que le hasard et la fortune portaient à la tête de l'armée[1]. La Moricière resta calme sous l'injure. Mais Cavaignac, assis à côté de lui sur le banc des ministres, en fut indigné. Montant lui-même à la tribune, il interpella l'agresseur : « Il y a une » chose qui m'étonne, monsieur, c'est que vous » qui étiez là, sur la terre d'Afrique, comme » nous, vous n'ayez trouvé d'autre motif à » l'élévation de cet homme que le hasard ou la » fortune. Quant à moi, si j'ai une surprise à » exprimer, c'est de le voir au second rang » quand je suis au premier. »

La Moricière était alors à l'apogée d'une fortune et d'une gloire dont l'histoire offre peu

[1] La Moricière avait nommé le colonel Bosquet général. On accusait la rapidité de cet avancement. « Je l'ai nommé, répondit le ministre, non-seulement pour les services qu'il a rendus, mais plus encore pour ceux qu'il peut rendre. » Six ans plus tard, la journée d'Inkermann justifiait ce présage.

d'exemples. A quarante-deux ans, il jouissait d'une popularité universelle. Il était le second personnage de France. On le vit alors maintenir et exercer dans les conseils de son pays et sur le terrain mouvant de la tribune cette supériorité qu'il avait acquise sur les champs de bataille d'Afrique et sur les formidables barricades des rues de Paris. « Jamais, comme a dit sur sa » tombe un de ses vaillants frères d'armes, on » ne poussa plus loin la puissance de l'intelligence » et du travail, avec la passion de la lutte » sous toutes les formes que crée la vie publique » contemporaine [1]. »

A la tribune, on reconnaissait encore le vainqueur d'Abd-el-Kader. Intrépide à l'attaque, habile à changer la défensive en offensive, il était, par l'action surtout, le premier don des orateurs, supérieur à presque tous ses adversaires. On regrettait et on s'étonnait de n'être pas en tout avec lui : on ne cessait de l'admirer, de se sentir entraîné vers lui et de l'aimer, même en le combattant. « Savez-vous, a-t-on dit justement, ce qui fait la puissance

[1] Discours du général Trochu.

du général La Moricière dans les assemblées délibérantes ? C'est qu'il sait ce qu'il veut dire, et qu'il le dit en dégageant sa pensée claire et vive du bagage des paroles inutiles, comme en Algérie il dégageait ses colonnes rapides des fourgons qui auraient ralenti leur élan[1]. »

Laissant de côté les questions sur lesquelles s'exerça cette vive parole, rappelons seulement l'un des actes les plus importants du général peu avant de quitter le pouvoir. La Moricière avait toujours compris la mission sociale de l'Eglise ici-bas, et dès 1848, à la parole d'un représentant hostile au christianisme, il avait répondu, dans sa rudesse militaire : « Eh bien, je vous prédis, moi, que si votre république fait la guerre à la religion, elle ne fera pas de vieux os. »

Quand éclata à Rome, contre Pie IX, cette explosion d'ingratitude qui le conduisit à Gaëte, quelle fut à cet égard la conduite de La Moricière ? Il prit part avec le général Cavaignac, quant à l'Italie, à une politique dont la sagesse non moins que le désintéressement honore

1 Alfred Nettement.

ces deux illustres amis. Le futur défenseur du Saint-Père voulut alors qu'on défendît, au besoin par les armes, non pas seulement la personne du Pape, mais son trône. En dirigeant lui-même les premiers pas de l'expédition de Rome, il lui imprimait dès lors son véritable caractère : *défendre le Pape et assurer la liberté et la sécurité du chef de l'Eglise*. « L'instruction si nette et si précise donnée par lui au général Mollière, restera, dit Mgr d'Orléans, comme un glorieux témoignage de son dévouement politique au Saint-Siége, comme Castelfidardo le fut plus tard de son dévouement personnel. »

Ce document présente aujourd'hui un intérêt particulier, en même temps qu'il aura pour l'avenir une incontestable valeur historique : il attestera la véritable origine de l'expédition de Rome. Le voici donc reproduit ici dans sa teneur presque entière :

« Paris, le 27 novembre 1848.

» GÉNÉRAL,

» ..... Le gouvernement a été informé par

l'ambassadeur de la république à Rome que Sa Sainteté le Pape était menacée dans sa liberté, et qu'il ne serait pas impossible qu'elle demandât à la France un asile et même de favoriser son départ.

» Dans ces circonstances, le gouvernement s'est décidé à envoyer à Civita-Vecchia M. de Corcelles, représentant du peuple, avec le titre d'envoyé extraordinaire, et de le faire accompagner par trois frégates à vapeur avec deux mille quatre cents à trois mille hommes de débarquement.

» Mais les troupes ne seront mises à terre que dans le cas où M. de Corcelles, après avoir pris connaissance de l'état des choses, jugera que leur concours est nécessaire pour assurer la liberté et la sécurité du chef de l'Eglise.

» Arrivé sur la rade de Civita-Vecchia, M. de Corcelles descendra à terre, se mettra en relation avec l'ambassadeur de la république et vous adressera des réquisitions auxquelles vous devrez obtempérer.

» Il est impossible, vous le savez, dans une semblable mission, de prévoir tous les cas qui peuvent se présenter. Cependant je dois discuter avec vous les plus probables. A votre arrivée à Civita-Vecchia, M. de Corcelles descend à terre; s'il ne se trouve pas assez renseigné pour décider, il se rend à Rome, qui n'en est qu'à quinze lieues, et laisse vos troupes à bord des frégates. Si le temps est beau, vous restez sur rade; si le mouillage n'est pas sûr, devient dangereux (les frégates ne peuvent, dit-on, entrer dans le port), la flottille appareille et va chercher un abri au mouillage de San-Stephano.

» A son retour de Rome, M. de Corcelles trouve à Civita-Vecchia un petit stationnaire à vapeur que nous y avons et vous fait connaître les résolutions prises. En tous cas, vous vous rejoignez à Civita-Vecchia, après que la nature de votre coopération a été arrêtée entre l'ambassadeur et l'envoyé extraordinaire de la république.

» L'hypothèse qui me paraît la plus probable est celle où vous serez appelé à débarquer. Dans ce cas, M. de Corcelles vous indiquera la nature du concours que l'on réclamera de vous.

» Il n'est point question d'une intervention

dont le but serait de modifier la nature et la forme du gouvernement temporel du Pape, mais bien d'assurer, comme je vous l'ai dit, la liberté et la sécurité du chef de l'Eglise.

» Si le Pape se réfugie à Civita-Vecchia, vous l'y défendrez. Si l'on réclame de vous de marcher au-devant de lui pour protéger sa fuite de Rome, vous jugerez jusqu'où les forces dont vous disposerez vous permettront d'avancer sans compromettre le résultat de l'entreprise et l'honneur des armes.

» Il ne peut être question, vous le sentez, d'aller à Rome avec deux ou trois mille hommes pour y délivrer le Pape, s'il était retenu prisonnier. Si une opération de cette nature devenait nécessaire, le gouvernement y emploierait des forces suffisantes....

» Recevez, général, etc.

» *Le ministre de la guerre*,

» DE LA MORICIÈRE. »

« A lui donc, comme on l'a dit, l'honneur d'avoir pris l'initiative de cette expédition, dont il devait écrire, douze ans plus tard, le douloureux épilogue avec le sang des jeunes martyrs de Castelfidardo. A lui et aux deux assemblées la responsabilité glorieuse de ce grand acte de la politique française! »

Dès lors et depuis, lorsque du second et du premier rang les deux amis descendirent ensemble, La Moricière conservait aux yeux de tous une attitude à part et un ascendant singulier. Sur la demande de ses amis encore au ministère[1], il accepta les fonctions d'ambassadeur de la république en Russie. Par son habileté, il assura un succès complet à notre intervention diplomatique en faveur des prisonniers hongrois et polonais, en même temps qu'il défendait auprès du czar la cause de l'Eglise.

Un changement ministériel entraîna sa démission. Nous voyons dès lors l'illustre général se réfugier dans son indépendance et dans sa gloire. A cette gloire éblouissante il manquait cependant ce je ne sais quoi d'achevé qui vient du malheur, « que Dieu réserve toujours aux destinées d'élite. Il fallait que La Moricière,

[1] Odilon Barrot, Tocqueville et Dufaure. — En juillet 1849, La Moricière fut nommé ministre plénipotentiaire en Russie.

après tant de victoires, fût vainqueur de lui-même et le vaincu de Dieu. La Providence, pour lui départir ces dons, l'attendait sur la terre de l'exil. »

CHAPITRE VII

Un noble exilé

« Tout à coup en une nuit[1], comme dit un illustre pontife, tout tombe, tout est emporté, et La Moricière, ce grand serviteur de la France, sans avoir failli au pays, sans avoir rien renié ou trahi, est arrêté dans son lit, jeté dans une prison, et d'une prison dans l'exil; et un soir il arrive, comme un voyageur inconnu, dans un hôtel de Bruxelles, ayant choisi pour refuge un endroit où du moins ses oreilles peuvent encore entendre la langue de son pays. Sa vie militaire avait duré dix-huit ans, sa vie politique quatre ans; sa vie proscrite allait durer quatorze ans. Oui, mais La Moricière, mal-

[1] Le 2 décembre 1851.

heureux et vaincu, se montre là plus noble encore que dans cette première et brillante partie de sa vie, où nous le voyons pour ainsi dire tendre toutes ses voiles au vent de la fortune qui les enfle et les conduit[1]. »

Suivons-le donc sur la terre de l'exil, où l'a rejoint celle qui, après avoir été la compagne de sa prospérité et de sa gloire, va devenir son égale par le courage, le calme et la dignité aux jours du malheur[2]. L'exemple et les touchantes vertus de cette compagne généreuse seront d'abord les lumineux rayons à travers lesquels Dieu conduira le noble général à ses dernières victoires.

« Celui qui triomphe de lui-même est plus grand qu'un preneur de villes[3]. » L'épreuve et l'exil, en développant rapidement dans l'âme de La Moricière les germes de la foi que l'édu-

[1] Mgr d'Orléans.

[2] La Moricière avait épousé, vers l'époque de son retour en France, Melle d'Auberville, petite-fille de la marquise de Montagu (Anne-Dominique de Noailles), dont on a publié l'admirable vie. Il eut de ce mariage un fils et deux filles.

[3] *Qui dominatur animo suo, melior est expugnatore urbium.* (Prov.)

cation domestique y avait semés, et que de purs et nobles exemples proches de lui lui faisaient admirer, amenèrent ce triomphe proclamé par l'Esprit-Saint. En devenant vainqueur de lui-même et le vaincu de Dieu, La Moricière toutefois ne fut pas vaincu à la façon d'un ennemi. On l'a dit éloquemment : « Grâce au Ciel, il ne combattit jamais contre Dieu. Le sang breton et chrétien qui coulait dans ses veines, les inspirations de son grand esprit et de son grand cœur en faisaient un de ces chrétiens qui s'ignorent eux-mêmes et que Dieu retrouve à son jour. En voulez-vous une preuve? Un jour, en 1850, il quitta l'assemblée et les plus grandes affaires, et fit deux cents lieues pour décider à se reconnaître avant la mort et à se confesser, un vieil oncle. Et quand le prêtre sortit de chez le vieillard, son ministère rempli, le général de La Moricière, qui l'attendait dans l'antichambre, lui prit les mains et l'embrassa en pleurant. Mais la jeunesse et la vie des camps, l'émotion des batailles, les prestiges de la gloire firent longtemps du bruit à ses oreilles, et soulevèrent sous ses pas une poussière qui lui dérobait les choses de l'âme et les choses de Dieu. Les grandes lumières devaient jaillir pour lui des grandes épreuves[1]. »

Quand donc il fut tombé, et que, du sein de l'exil, il put jeter de nouveau son regard plus paisible sur la scène publique dont il avait disparu, de nouvelles perspectives s'ouvrirent devant lui, et les choses de ce monde lui apparurent sous des aspects qu'il ne connaissait pas. Il vit alors se dévoiler devant lui tout l'horizon supérieur des choses de Dieu.

La Providence avait ménagé à cette âme droite qui cherchait avec ardeur et bonne foi à conquérir la vérité, un soutien, un guide précieux. C'était l'éloquent et savant religieux qui vient d'être appelé à l'évêché de Namur. Ecoutons Mgr Deschamps, racontant lui-même dans la cathédrale de Frascati, en présence des zouaves

[1] Mgr Dupanloup. — En cette même année 1850, il s'occupait de la reconstruction de la belle église paroissiale de Louroux, et contribuait puissamment à doter cette importante paroisse d'une école dirigée par des sœurs. On l'avait déjà vu, en 1848, pendant l'hiver, faire beaucoup de tentatives pour déterminer, à Paris, un certain nombre d'ecclésiastiques à aller au secours de l'Algérie, qui manquait de prêtres.

de l'illustre général des troupes pontificales, ce *combat intérieur* et la glorieuse victoire de son ami :

« ..... J'ai assisté, messieurs, à ce combat intérieur de votre chef. J'ai vu La Moricière faire le siége de la vérité et l'emporter d'assaut. Je dis l'emporter d'assaut, non qu'il ait omis les préparatifs de cette victoire, non qu'il ait négligé de déblayer le terrain aux approches de la place, mais en ce sens, qu'une fois en face de la vérité, il l'a saisie de ce coup d'œil rapide et sûr qui lui était propre.

» La Moricière, il est vrai, n'avait pas perdu la foi. Il ne l'avait pas du moins perdue de cœur, quoiqu'il l'eût perdue de vue à travers la poudre des batailles. Pour la lui faire pleinement retrouver, Dieu l'arracha à la gloire; je me trompe, Dieu parut l'arracher à la gloire, car il voulait la lui rendre plus grande; mais enfin il permit que La Moricière n'eût plus d'ennemis à vaincre au dehors et qu'il fût seul en présence de lui-même.

» Combien de fois j'eus alors pitié de ceux qui plaignaient l'inactivité de son exil! Sa vie ne fut jamais d'une activité plus dévorante qu'en ce temps-là. Il lisait les livres comme il faisait la guerre ; et quand il avait parcouru de volumineux ouvrages, on jouissait d'un plaisir intellectuel incomparable en les lui entendant résumer à sa manière par quelques mots décisifs.

» Mais malheur aux écrivains qui mêlaient les ombres de leurs propres pensées à l'éclat de la vérité ! Leur infirmité ne lui échappait pas. Je pourrais vous en donner bien des preuves, mais j'en choisis une qui vous servira :

» Un jour, à sa demande, je lui donnai deux énormes volumes de philosophie. Il me les rendit plus tard en me disant : « J'ai tout lu, et c'est
» fort; mais il s'y trouve du faible. Voici, par
» exemple, deux chapitres que j'ai lus trois fois :
» la première, je crus y entendre quelque chose ;
» la seconde, je n'y entendais plus rien ; et la
» troisième, je vis clairement qu'il n'y entendait
» rien lui-même. »

» Retenez cet exemple, et souvenez-vous au besoin, en présence de certains grands hommes et de certains grands livres, de ne pas vous laisser intimider. Regardez-les de près, et quand vous ne parviendrez pas à les comprendre lorsqu'ils traitent des matières qui nous regardent tous, soupçonnez-les fort de ne pas se comprendre eux-mêmes. Consolez-vous ensuite en levant les yeux vers la lumière du jour, qui est celle de Dieu, toujours ancienne et toujours nouvelle.

» La Moricière ne se rendait qu'à la clarté, et il avait raison; Dieu le veut ainsi. C'est à la raison que Dieu demande la foi, et il ne la lui demande qu'après lui avoir fait voir clairement que c'est bien lui qui lui parle.

» La Moricière se disait avec joie que la vraie religion ne peut être que l'œuvre de Dieu, et qu'une œuvre faite de main divine doit être facilement reconnaissable. Aussi fut-il particulièrement heureux de rencontrer un livre où l'on s'était borné à constater qu'en présence du christianisme toujours vivant dans la catholicité, l'âme qui écoute l'Eglise et qui la regarde, qui écoute ce qu'elle lui dit et qui regarde ce qu'elle lui montre, ne peut pas ne pas reconnaître dans sa parole la seule réponse manifestement divine à toutes les grandes questions de l'âme, et ne pas voir dans le fait même qui la constitue l'œuvre éclatante de la main de Dieu. « Un autre » que Dieu, disait-il souvent en s'emparant du » mot de Bossuet, un autre que Dieu a-t-il » jamais pu commencer et finir un dessein où » tous les siècles sont compris ? »

» La Moricière vit donc la vérité, et la saisit de toute la force de son regard.

» Mais il fallait entrer dans la place par la brèche que nul ne fait qu'à genoux.

» Il la fit à genoux, messieurs, mais pour se relever plus grand, et pour entrer dans la vie chrétienne avec toutes les puissances de son âme.

» Il connaissait ce mot de saint Paul : « Il » faut croire de cœur pour être juste, et il faut » confesser sa foi pour être sauvé. »

« Jamais il ne manqua l'occasion de la confesser. Ici les traits abondent encore ; mais je n'en citerai de nouveau qu'un seul, parce qu'il peut aussi vous servir.

» Un illustre écrivain arriva de Paris à Bruxelles. Le soir même de son arrivée, il écrivit un mot au général pour le prier de venir le trouver le lendemain matin à sept heures. « Je vais à Waterloo, lui disait-il, j'ai » besoin de vous pour mieux étudier le champ » de bataille que je dois décrire. » La Moricière lui répondit : « Je serai demain chez vous, non » à sept heures, mais à huit, parce que je vais » à la messe. »

» Il avait frappé juste : le grand historien qui l'attendait lui avoua en chemin qu'il avait un immense besoin de foi, qu'il lui enviait le bonheur de croire. Espérons que La Moricière le lui obtiendra, car si le verre d'eau donné au pauvre de Jésus-Christ ne peut demeurer sans récompense, les services rendus au vicaire de Jésus-Christ, et par la voix, et par la plume, ne peuvent être oubliés au ciel..... [1] »

La Moricière s'était donc converti librement, publiquement, et comme il s'était battu en plein soleil, devenu chrétien par la pratique comme par la foi, il voulut l'être au grand jour, et sans plus reculer devant le respect humain,

[1] Discours prononcé le 11 octobre 1865 par Mgr Deschamps, évêque de Namur, au service funèbre du général de La Moricière, dans la cathédrale de Frascati, près Rome.

devant les dédains de l'incrédulité, que devant les Arabes ou les barricades. On le voyait au pied de la chaire chrétienne suivre avec l'attention la plus vive et une adhésion expressive les éloquentes prédications du père Deschamps. « Un jour, à Bruxelles, dit M. de Montalembert, un ancien collègue et ami, qui l'avait connu tout autre, le trouva penché sur ses cartes, où il marquait, avec une fiévreuse anxiété et une sympathie passionnée, les progrès de nos armées en Crimée. Pour assujettir ces cartes déroulées, il avait employé les livres qui lui étaient devenus les plus usuels, le Catéchisme d'abord, son livre de messe, puis l'*Imitation de Jésus-Christ*, et je ne sais quel volume du père Gratry. A la vue de ces quatre témoins d'une préoccupation si nouvelle, le visiteur ne dissimula pas sa surprise. « Eh bien, oui, dit le général, » j'en suis là ; je m'occupe de cela ; je ne veux » pas rester comme vous, le pied en l'air, entre » le ciel et la terre, entre le jour et la nuit ; je » veux savoir où je vais, à quoi m'en tenir. » Et je n'en fais pas mystère. »

Le vénérable évêque d'Angers, dans son langage d'une si touchante éloquence, a donné d'autres détails plus précis sur la conversion de son illustre ami : « Pendant l'hiver et le carême de l'année 1855, dit le pieux pontife, il allait, trois fois par semaine, passer ses soirées chez le père Deschamps, questionnant, discutant, puis acceptant les leçons du pieux religieux. Ainsi, pendant ce temps, que l'Eglise appelle un temps favorable, *tempus acceptabile*, se préparait-il à la grande solennité pascale; et à la fin du carême, il vint s'asseoir avec un indicible bonheur et les yeux mouillés de larmes, à la table sainte pour y recevoir le Pain des anges.

» Depuis cette époque, la foi réchauffait, brûlait ce cœur, qui venait de retrouver Celui qui seul pouvait en remplir la capacité.

» Il fallait un aliment à son activité : elle le poussait vers les bonnes œuvres. De Bruxelles même, il ne cessait d'écrire pour en presser le développement : « Je vois que l'œuvre des sœurs,
» écrivait-il au curé de Louroux, n'a pas fait
» de progrès depuis la fondation. Est-ce que
» vous ignorez que tout ce qui n'avance pas
» recule ? »

» L'œuvre de la construction de l'église était aussi l'objet de ses constantes sollicitudes : « Le » monde est ainsi fait, écrivait-il encore à son » curé, qu'on ne peut y accomplir le bien sans » luttes, sans difficultés et sans traverses. Ce » n'est pas une raison pour ne pas faire ce qu'on » doit, sans s'inquiéter de savoir si la récom- » pense nous sera donnée dans ce monde ou » dans l'autre... Je finis en vous priant de croire » que, dans cette circonstance, notre concours » ne vous fera pas défaut. »

» Telles étaient ses sollicitudes, ses préoccupations ; ainsi charmait-il les ennuis de son exil. Mais, vous le savez, c'est dans le creuset des tribulations que l'on doit être purifié. Pour élever cette âme généreuse, il fallait une dernière épreuve, elle lui fut envoyée. Dieu lui demanda le sacrifice de tout ce qu'il avait de plus cher au monde, de son fils unique, comme d'un autre Isaac. Ce fut en 1857 ; il n'eut pas la consolation de recueillir son dernier soupir; mais déposant au pied de la croix cette grande douleur, il écrivait à sa femme si digne de lui[1] : « Nous devons

[1] Un des amis du général s'étonnant devant lui de le voir

» aimer nos enfants pour eux-mêmes et pour » leur bonheur. Après tout, Michel sera plus » heureux dans le ciel qu'avec nous... Dieu nous » l'avait donné, Dieu nous l'a ôté ; que son » saint nom soit béni ! que sa volonté s'accom- » plisse ! » Ainsi pensent et parlent tous les saints[1].

» Tant de résignation méritait une récompense. Elle ne lui fut pas refusée. »

revenu aux pratiques de la religion, « Ah ! mon ami, lui répondit-il, vous ne savez pas comme moi ce que c'est que d'avoir une femme chrétienne. »

[1] « Son fils unique, qu'il aimait avec cette tendresse passionnée du vieux soldat, tombe malade. Lui est à Bruxelles, et l'enfant se meurt à Paris. L'honneur et l'amour paternel se livrent le plus cruel combat. Soyons juste. Il s'est rencontré un père mieux inspiré par la nature que par la politique, et qui comprit que devant la douleur sacrée d'un père, la politique devait s'avouer vaincue. La Moricière rentra en France sans conditions, mais son fils n'y était plus. » (Mgr Dupanloup.)

Le général exilé, en rentrant dans sa patrie, que lui rouvrait son jeune enfant en entrant au ciel, disait : « On me rend bien mon pays; mais qui me rendra mon fils? »

CHAPITRE VIII

La Moricière général en chef de l'armée pontificale

Avec les douleurs de l'exil, avec celle de la perte d'un fils unique, La Moricière a dû subir encore une autre épreuve qui, pour cette âme si intelligente et si active, n'était peut-être pas un moindre supplice. Quelle souffrance dans cette immobilité forcée où il se trouvait réduit !

« On était de tout, on n'est plus de rien. Le temps vous emportait comme un torrent sur ses vagues impétueuses ; voici votre barque entrée dans les eaux dormantes d'un lac immobile. Tout marche autour de vous, et vous restez cloué à votre place, attaché comme Prométhée à votre roc. Vous voyez votre siècle qui vous quitte, le monde qui vous oublie, et vous entendez le bruit de votre renommée qui tombe peu à peu et qui s'éteint. Ces nobles facultés que Dieu vous a données bouillonnent, cette activité qui vous dévore jette des flammes comme la lame captive. N'importe, il faut lutter contre l'attrait qui vous entraîne, et, après avoir vaincu les autres, remporter sur vous-même une plus difficile victoire[1]. »

Tel était La Moricière, tel était l'illustre général, en voyant l'épée de la patrie se tirer de nouveau, lui dans l'exil, en voyant les bataillons qu'il a conduits autrefois à la victoire combattre et triompher sans lui.... Mais cette redoutable épreuve était un bienfait de la miséricorde divine envers le noble exilé. Lorsque Dieu veut conquérir une grande âme, pour la posséder tout entière, c'est ainsi qu'il agit. Les enlevant violemment au monde, il leur ôte tout ce qui n'est qu'un pur néant à ses yeux, la puissance, la gloire, la prospérité, et il les jette dans la voie douloureuse des adversités et de l'abandon, qui est la voie royale du Calvaire. S'il les abaisse

[1] Alfred Nettement.

en apparence, c'est pour les élever et pour les préparer à un dernier sacrifice.

L'âme de La Moricière était donc préparée pour sa dernière victoire. Après lui avoir demandé de triompher de lui-même, le divin Maître lui demanda de triompher du monde. Il lui demanda, comme on l'a dit, « de consacrer la gloire du lion d'Afrique à la cause du vicaire de l'Agneau de Dieu ; et plus tard d'attacher son nom, le nom de la victoire, à une défaite certaine, et de mourir vaincu. Vaincu, oui, mais comme on l'est sur le Calvaire, comme on l'est sur la croix, comme on l'est dans toutes les grandes luttes où l'on ne triomphe qu'en tombant [1]. »

C'était donc en 1860. Le vicaire de Jésus-Christ avait à soutenir une lutte nouvelle contre des fils ingrats. Il priait Dieu de venir en aide à son Eglise et de la défendre encore dans ses périls. Une inspiration d'en haut éclaire la grande âme de Pie IX : il jette un coup d'œil sur le monde pour y découvrir celui qui pouvait protéger le trône de Pierre. Ses regards s'arrêtent sur la France, la fille aînée de l'Eglise, puis ils

[1] Discours de Mgr Deschamps, à Frascati.

se fixent sur le héros chrétien qu'il croit digne de cet honneur. Un prêtre zélé, ancien compagnon d'armes et ami de La Moricière [1], est venu porter au général, dont il connaissait le cœur, le vœu du chef de l'Eglise. Le général était alors à Prouzel, près d'Amiens, souffrant de la goutte et des rhumatismes gagnés en Algérie, couché dans ce même lit où cinq ans et demi plus tard la mort devait venir le frapper. Il est surpris de ce message inattendu ; mais après quelques moments de réflexion, La Moricière accepte sans balancer la proposition de Pie IX. Il communique son dessein à sa digne compagne, et la résolution de partir est irrévocablement arrêtée.

« Le généreux guerrier, comme toujours, avait écarté la question personnelle. Il n'a considéré que l'appel d'en haut, une grande œuvre à accomplir ; son exemple dira hautement à tous les souverains : — Vous souffrez en silence que le Père commun des fidèles soit opprimé par la

[1] Mgr de Mérode, naguère ministre des armes à Rome, étant officier dans l'armée belge, il alla comme volontaire faire la guerre en Afrique sous le maréchal Bugeaud, qui le distingua sur le champ de bataille. Sur sa proposition, il reçut la croix de la Légion d'honneur.

violence. Eh bien, sachez qu'il y a encore des hommes de cœur prêts à se lever pour le défendre[1] ! »

De quoi s'agissait-il cependant ? « Il ne s'agissait pas, comme on l'a si bien dit, d'augmenter sa gloire, mais de la sacrifier ; d'illustrer sa vie, mais de l'exposer. On lui demandait d'aller à Rome, de passer la mer, de quitter la France, de prendre le commandement d'une poignée de jeunes gens qui n'avaient pas vu le feu, appuyés sur des arsenaux vides et des magasins épuisés, ne parlant pas la même langue, mais ralliés par la foi, sur un petit territoire pris entre deux armées dix fois plus nombreuses, plus aguerries, plus équipées. Il s'agissait de passer pour un étourdi aux yeux des sages, pour un factieux aux yeux des politiques, pour un chef aventureux aux yeux des militaires ; en deux mots, d'agir sans espoir et de mourir sans gloire[2]. »

Ainsi, gloire, renommée, popularité, tout était sacrifié. Mais que sont tous ces biens apparents quand l'honneur parle au cœur d'un héros chré-

[1] Discours de Mgr l'évêque d'Angers, en l'église de Louroux.

[2] Mgr Dupanloup.

tien? Le général, le lendemain de sa décision, en faisait part à un ami intime. Celui-ci, effrayé, lui représentait tous les périls de l'entreprise. « Je sais tout cela, lui répondit-il, mais quand » le chef de l'Eglise appelle un de ses enfants » pour le défendre, il n'est pas possible d'hé- » siter un instant. J'irai donc à Rome, je dé- » fendrai le pape, puisque personne ne veut le » défendre. J'y mourrai, s'il le faut. »

Un de ses amis lui disait encore : « Vous » n'avez jamais été vaincu, vous le serez. — » Qu'est-ce que cela me fait? répondait-il, la » cause en vaut bien la peine. — Mais réflé- » chissez bien. — Mes réflexions sont faites. » Avant tout, un sentiment ou plutôt un de- » voir me domine. Je vois un père que le cou- » rant emporte ; ce père me tend la main, et » j'aurais le cœur d'hésiter? Non. On me crie : » Il vous entraînera dans sa perte. Eh bien, » soit !

» On déclarera que vous n'êtes pas Français, » lui disait-on encore. — Mon ami, quand je » mourrai, on ne me demandera pas si j'ai su » le code pénal, mais le catéchisme ; et pour

» m'ouvrir les portes du paradis, on n'exami-
» nera pas si on m'a fermé celles de mon
» pays. »

Avec une fierté toute chrétienne et toute française, il ajoutait dans une lettre qu'on a publiée : « Si on m'enlevait ma qualité de citoyen fran-
» çais, le monde catholique tout entier me la
» rendrait par acclamation[1] ! »

Le généreux guerrier, aussi Français que chrétien, le savait bien d'ailleurs. Fidèle aux antiques traditions de son pays, il allait défendre à Rome la cause française par excellence. En reprenant son épée pour répondre à l'appel du Saint-Père, il restait non-seulement fidèle à toutes les causes de sa vie, mais il se montrait encore plus que jamais digne soldat d'une nation *fille aînée de l'Eglise*, qui, depuis Charlemagne, s'honore de protéger et défendre sa mère.

Au moment de son départ, La Moricière écrivit à son ami le général Bedeau, la lettre suivante :

[1] « Tout cela est textuel, » ajoute Mgr d'Orléans, à qui nous empruntons ces citations.

« Prouzel, 19 mars 1860.

» Cher ami, je déplore de plus en plus de n'avoir pu vous rencontrer à Nantes, et je suis désolé de ne pouvoir en ce moment aller vous embrasser.

» Je charge ma femme ou un de nos amis communs (si ma femme ne peut aller à Nantes), de vous dire le parti que j'ai pris. — Je n'ai vraiment d'espoir qu'en Dieu. Car, d'après ce que je sais, la force d'un homme ne peut suffire à l'œuvre que je vais entreprendre. Ce n'est pas de l'audace, qui pourtant, j'espère, ne me manquera pas au besoin, c'est du dévouement dont j'attends la récompense là-haut bien plus assurément qu'ici-bas.

» Adieu, je pars dans un quart d'heure, et je dis au revoir à des gens qui ne savent pas où je vais.

» Tout à vous, bien cher ami,

» De La Moricière. »

Il partait, en effet, à travers la Belgique et l'Allemagne; il arrivait à Trieste; puis avec ses deux compagnons de voyage, MM. de Mérode et de Corcelles, il traverse les Marches et l'Ombrie, étudiant le pays et les populations, et constatant partout leur amour pour le Saint-Père. Le nouveau chef de l'armée pontificale arrive enfin à Rome, et agenouillé aux pieds du vicaire de Jésus-Christ, il le prie de bénir son épée. « Et le monde catholique tressaillit en contemplant à Rome La Moricière à côté de Pie IX. La Moricière, dans la simplicité magnanime de son dévouement, fut alors l'homme de la terre, sinon le plus grand et le plus fort, du moins le plus noble [1]. »

1 Mgr Dupanloup.

CHAPITRE IX

Une victoire de la foi. — Castelfidardo, Ancône

Il nous reste à raconter une victoire de la foi, une de ces victoires que méconnaît le monde, mais qui, dans la balance des destinées de l'humanité, ont plus de poids que les plus éclatants triomphes. Ecoutons un éloquent pontife :

« La victoire pour les chrétiens, ce n'est pas seulement de prendre des villes et de gagner des batailles : notre victoire, c'est de triompher de l'incrédulité par la foi, de l'engourdissement et de la torpeur par l'héroïsme, de la sensualité par le martyre.

» Aussi, dans le siècle où nous sommes, siècle si froid qu'à juste titre on a pu le nommer le pôle glacé des temps, siècle où mille fibres humaines semblaient ne devoir plus vibrer pour les saintes causes, siècle d'affaiblissement et d'affadissement, siècle où pullulent les fils de Voltaire, où sont rares les fils des croisés, voir ces fils des croisés reprendre d'une main haute le blason et le drapeau de leurs pères, frissonner à l'appel d'une sainte cause dont les succès ou les revers ne se cotent pas à la Bourse, tout quitter pour cette cause, patrie, famille, fortune, marcher au feu, se battre et mourir comme des héros, je dis qu'un tel spectacle donné au monde c'est une victoire. Une victoire, pourquoi encore? C'est que, dans ce grand jour de Castelfidardo, nous avons semé du sang pour qu'il germe des chrétiens; c'est que nous avons prouvé que cette foi n'était pas morte, qui enfantait de tels courages ; c'est que nous avons donné au monde une leçon de dévouement, d'honneur et d'attachement à l'Eglise de Dieu. *Hæc est victoria quæ vincit mundum, fides nostra* [1]. »

Ces *fils des croisés* dont parle le pieux pontife sont ces volontaires fidèles qui, à l'appel du général de La Moricière, vinrent se ranger au-

[1] Mgr de la Bouillerie, évêque de Carcassonne.

tour du trône pontifical. Ils vinrent du fond de nos vieilles provinces de l'ouest et du midi surtout, en trop petit nombre sans doute. Mais ce petit nombre, comme on l'a dit, a suffi pour ce que voulait et ce que pouvait La Moricière. Il lui a suffi pour représenter l'honneur de la France catholique.

La Moricière enflamma de son ardeur ces jeunes volontaires. Il leur donna ce costume de *zouave* [1] qui lui rappelait sa vieille gloire, et il put assurer le Père bien-aimé que ces soldats bénis par lui sauraient comprimer à l'intérieur de ses Etats les machinations des méchants et le défendre contre leurs complots. On sait si ces fils des croisés furent dignes de leurs pères en restant fidèles comme eux jusqu'à la mort.

La Moricière pressentait quels ennemis il aurait à combattre, lorsqu'en prenant le commandement en chef des troupes pontificales, il publiait cette calme et noble proclamation :

[1] Suivant une remarque de Mgr d'Angers, la croix donnée aux zouaves pontificaux est renversée, comme celle de l'apôtre saint Pierre, qui fut crucifié la tête en bas sur le mont Citorio.

« Rome, le 9 avril 1860.

» Soldats,

» Notre-Saint-Père le Pape Pie IX ayant dai-
» gné m'appeler pour défendre ses droits mé-
» connus et menacés, je n'ai pas hésité un
» instant à reprendre mon épée.

» A l'écho de la vénérable voix qui naguère
» du haut du Vatican faisait connaître au monde
» les périls dans lesquels se trouve le patri-
» moine de Saint-Pierre, les catholiques se sont
» émus, et leur émotion s'est rapidement éten-
» due d'un bout à l'autre de la terre. En effet,
» le christianisme n'est pas seulement la religion
» du monde civilisé, mais il est le principe et
» la vie même de la civilisation, depuis que la
» papauté est le centre du christianisme. Toutes
» les nations chrétiennes montrent aujourd'hui
» qu'elles ont la conscience de ces grandes vé-
» rités qui constituent notre foi.

» La révolution, comme autrefois l'islamisme,
» menace aujourd'hui l'Europe, et aujourd'hui

» comme alors la cause de la papauté est la cause » de la civilisation et de la liberté du monde.

» Soldats ! ayez confiance, et soyez certains » que Dieu soutiendra notre courage et l'élèvera » à la hauteur de la cause dont il a confié la » défense à nos armes.

» *Le général en chef*,

» DE LA MORICIÈRE. »

A l'arrivée du héros de Constantine, tout s'était senti fortifié et rassuré par sa présence. L'aspect de Rome avait changé. Les agents de la révolution rentraient dans l'ombre. Il n'était plus question d'émeutes et de manifestations.... Tant peut quelquefois un seul homme ! Le nouveau général s'est aussitôt mis à l'œuvre. En quelques mois, en quelques jours, il a tout créé, tout développé ; il a mis sur pied une armée dévouée au Saint-Père, et placé au premier rang son immortel bataillon des zouaves pontificaux. Les voilà, ces enfants, arrivés de tous les coins de la France et de la Belgique, sortis à peine du collége, s'arrachant aux bras d'une mère, aux douceurs de la vie ; les voilà, armés, enrégimentés, manœuvrant déjà comme de vieux soldats, et prêts à « mourir pour un saint sous la conduite d'un héros[1]. »

« Mais comment décrire la prodigieuse activité qui jaillissait en mille tentatives de cet esprit infatigable, les appels au dehors, les soins de tout genre au dedans, les précautions de la plus sévère économie, la multitude des soins ingénieux, les rapports se succédant sur tous les services ! Les ingénieurs militaires et civils travaillaient à côté de l'état-major ; des cartes nouvelles étaient faites : les questions de vivres, de manutention, d'habillements, de tarifs douaniers étaient débattues à la fois. On abordait les projets de routes, de chemins de fer, d'impôts et d'innovations administratives, dans leur rapport avec le but militaire. Un des premiers astronomes de ce siècle, le P. Sacchi, était étonné d'être requis au collége romain pour aller à Ancône installer un nouveau phare ; on multipliait les lignes télégraphiques ; des modèles inconnus

1 « Partez, mon enfant, allez défendre un saint sous la conduite d'un héros, » disait une noble princesse à l'un de ces jeunes volontaires. Plus d'une mère en France a tenu sans doute le même langage en donnant à son fils le baiser d'adieu.

et des machines perfectionnées étaient importées de France et d'Angleterre ; on construisait des casernes ; on ouvrait des hôpitaux ; tout à coup un petit arsenal apparaissait avec sa petite artillerie tirée des forts de la côte où elle avait longtemps dormi sans affûts ; et l'on instituait pour la première fois des concours et des examens pour le choix régulier des officiers spéciaux. On pense bien que le ministre des armes secondait cette fougue administrative et en avait sa bonne part. Le Pape aurait pu s'appliquer ces paroles du Psaume : « J'ai dit au vent et à la » flamme : Soyez mes ministres[1]. »

[1] Mgr Dupanloup. — On a donné sur ce point quelques détails précis qu'il est bon de reproduire.

« Plus de cent cinquante kilomètres de routes nouvelles étaient livrés à la circulation par les soins de M. de La Moricière ; et le pont d'Orte, jeté sur le Tibre, épargnait un détour de près de douze lieues aux habitants de deux provinces.

» D'un autre côté, le service des postes était amélioré, et le réseau télégraphique complété par plus de cent vingt kilomètres de ligne de nouvelle construction. Enfin, sur la sollicitation de Sa Sainteté, il avait fait mettre à l'étude un projet tendant à abolir le droit de mouture...

» Partout les révolutionnaires étaient démasqués, et les gens honnêtes ne craignaient plus de se montrer ouvertement dévoués au gouvernement qu'ils voyaient devenu fort. Le commerce reprenait ; Sinigaglia voyait se prolonger sa foire de juillet qui

Durant ce temps, que se passait-il près de nous? Pendant que La Moricière, entouré de l'estime des gens de cœur, de la reconnaissance de la civilisation, recueillait les bénédictions de la chrétienté qui avait foi en son épée, d'autres le suspectaient d'ambition. On lui faisait l'injure de ne pas croire à son dévouement désintéressé. Ceux qui l'avaient insulté au départ s'apprêtaient à le railler à son retour en France, après que l'œuvre de spoliation serait consommée. Il s'est trouvé même — on rougit de le rappeler — des pamphlétaires de coin de rue et des calomniateurs de petite presse pour l'outrager..... Ceux qui tremblaient devant lui se vengeaient de leurs frayeurs par de honteuses insultes. Pendant qu'une secrète et jalouse envie le dénigrait dans quelques palais, on le chansonnait avec de misérables calembourgs sur nos quais et nos places publiques. Ce déchaînement est le dernier trait qui distingue et complète les vraies renommées, aux yeux de ceux qui ont gardé

dure quinze jours, et le chiffre des affaires était triple de celui des années précédentes. Deux compagnies financières influentes se disputaient la construction du chemin de fer d'Ancône à Pérouse par Macérata, et d'Ancône à la frontière napolitaine. »

le culte de la conscience et de l'honneur [1].

L'œuvre que La Moricière était venue faire à Rome et dans les provinces pontificales, il la fit cependant. Il était venu mettre son épée au service du Saint-Siége pour défendre le Saint-Père et les populations des Etats romains contre les menées intérieures de la révolution, et il répondait à coup sûr de cette défense. Or, par sa présence et par ses soins, la plus grande tranquillité régnait dans les possessions du chef de l'Eglise; et quand les bandes tentèrent d'y pénétrer, le brave général Pimodan, d'un éclair de son épée, les avait fait fuir épouvantées.

Mais ce que La Moricière n'avait pas prévu, ce qu'un loyal capitaine ne pouvait prévoir, nos soldats étant à Rome, c'est ce qu'osa le Piémont.

Nous ne rappellerons point cette hideuse histoire : les intrigues, les mensonges, l'envahissement, en pleine paix, à main armée, avec des forces vingt fois supérieures, des Etats pontifi-

[1] Il nous souvient d'avoir entendu à cette époque, sur les quais de Paris, une plate chanson se terminant par ce misérable refrain : « Qu'as-tu fait là, *Maurice*, *hier?* » Nous passions le rouge sur le front!...

caux, le *guet-à-pens* de Castelfidardo, puisqu'il faut bien l'appeler du nom qu'on lui donne et qu'il gardera dans l'histoire, le bombardement enfin d'Ancône douze heures encore après la capitulation.... « Tirons un voile sur cette infamie[1]. » Hâtons-nous de revenir au chemin de la justice et de l'honneur, sur les pas de La Moricière.

Une seule opération militaire était possible au général surpris : se jeter dans Ancône avec son armée et y prolonger la lutte pour donner à l'Europe le temps d'arriver. Mais les envahisseurs lui barraient le passage. La Moricière ne les compte pas. Il n'avait jamais compté l'ennemi. Et certes, il eût humilié l'armée d'Afrique, s'il eût rendu les armes sans combat. Le 10 septembre, il fait donc prévenir le général Pimodan de rassembler ses cantonnements ; le 11, il fait distribuer des vivres, des munitions, organise des moyens de transport et donne des ordres pour la défense des points qui pouvaient arrêter l'ennemi. Il prescrit au général de Courten de se replier sur Ancône, et au général Schmidt de se

[1] Mgr d'Orléans.

porter sur Viterbe ou sur Pérouse. Le 12, de grand matin, il se met en marche pour Spolète, et le soir, à Foligno, il fait sa jonction avec une partie des troupes disponibles. Il se dirige ensuite sur Macérata, suivi à peu de distance par Pimodan. Les colonnes piémontaises, qui s'avançaient pour cerner Ancône, étaient voisines et dans la direction d'Iési. De Macerata, les troupes du Saint-Siége se dirigent sur Lorette par Sambucheto et Recanati. Le 16 au soir, après des marches forcées, que la chaleur rendait plus pénibles encore, La Moricière occupe Lorette.... Nous voici arrivés à cette *veille des armes*, où le héros chrétien, humblement prosterné sur le pavé de l'un des plus vénérables sanctuaires, nous apparaît plus grand que sur la brèche de Constantine. Ecoutons ici le récit émouvant d'un pieux pèlerin, retraçant l'un des plus intéressants épisodes de cette étrange guerre.

« Rome, le 2 octobre 1860.

» Je suis parti de Rome pour Lorette mercredi 12 septembre, avec M. l'abbé ***. Nous ne pouvions penser que la guerre éclaterait avant d'être déclarée et acceptée, et d'ailleurs nous ne voulions pas retarder l'accomplissement de notre pèlerinage. Cependant, le vendredi matin, 14, en montant à pied la colline d'Assise, nous entendîmes de fortes détonations d'artillerie. Des paysans nous dirent : Ce sont les Piémontais aux prises avec le général Schmidt [1]. Vous devinez nos impressions. L'Eglise de Jésus-Christ nous paraissait attaquée dans son pouvoir visible avec une mauvaise foi, une lâcheté qui rappelaient les scènes dernières de la Passion.... Nous nous adressâmes avec larmes à saint François, l'exemplaire le plus admirable et le plus touchant des souffrances de Notre-Seigneur, et nous le conjurâmes par ses plaies saintes de prendre en miséricorde nos amis et nos ennemis. Je ne saurais vous dire les angoisses de mon âme en entendant les coups pressés du canon, pendant que je célébrais les saints mystères sur le tombeau du patriarche d'Assise. Vers midi, nous redescendîmes à Sainte-Marie-des-Anges où nous attendait notre *vetturino*, et en peu de temps nous

[1] A Pérouse.

fûmes à Foligno... C'était jour de marché ; la foule emplissait les rues. Une affiche en gros caractères était placardée à tous les coins. On y lisait que le général de Goyon était en marche pour venir au secours des troupes pontificales avec 25,000 hommes et 48 bouches à feu.... Confiants dans la sainte Vierge, et sûrs aussi de l'appui de la France, nous continuâmes notre route pour Lorette.

» A onze heures du soir, près de Tolentino, nous trouvâmes la colonne Pimodan bivouaquée. Les soldats se reposaient sous leurs tentes ; ils étaient pleins de courage et d'ardeur. Je vis le noble général assis près d'une table d'auberge. Des cartes étaient sous ses yeux.... Il semblait n'avoir aucun doute sur l'issue de la lutte et me parla avec beaucoup de calme. Vous le dirai-je ? Son regard me parut, dans la demi-obscurité de la chambre, avoir une clarté extraordinaire. Son front était lumineux. Il me serra la main, en disant : « Nous nous reverrons encore à Lorette. » Sur la porte, je me retournai pour le voir, et je sortis le cœur serré. Le lendemain samedi, nous arrivâmes de bonne heure à Tolentino. La population remplissait les églises, tous les confessionnaux étaient occupés, et des prêtres distribuaient le pain eucharistique. Beaucoup de soldats étaient mêlés aux fidèles. Il était consolant de penser que tant d'âmes s'unissaient dans l'amour de Jésus et de son Eglise.

» A midi, nous trouvâmes à Macérata le noble général de La Moricière avec le gros de son armée. En un instant nous fûmes entourés par les guides, par les Franco-Belges, qui nous manifestèrent les plus nobles et les plus énergiques sentiments. Il n'y en avait plus qu'un en eux, l'amour de l'Eglise : un but, le triomphe de l'Eglise. Enfin, vers le soir, nous arrivâmes à Lorette, où l'on nous dit que Cialdini occupait avec une armée considérable les positions d'Osimo et de Iési. On voyait, en effet, briller les feux nombreux de cette armée, et des fugitifs racontaient qu'ils avaient compté plus de 20,000 hommes, et que ce chiffre devait être triplé dans deux jours... Le dimanche 16 septembre, nous étions dans une anxiété que vous comprendrez, attendant impatiemment l'arrivée de Lamoricière et de Pimodan, lorsqu'à deux heures du soir, un détachement de 80 lanciers piémontais entra dans la ville accompagné de quelques mauvais sujets déguenillés et horribles à voir... Un grand émoi se répandit dans la population. Un homme de haute taille, aux cheveux plats, à la barbe inculte, tenait sous son bras un faisceau de drapeaux tricolores. Il distribuait ces drapeaux aux boutiquiers de la Grande Rue avec des airs que l'on comprenait très-vite, et il retirait des vastes poches de son habit des cocardes piémontaises. Je n'ai jamais vu une transformation aussi rapide. La ville fut en un instant pavoisée ; les poltrons, Dieu sait s'il y en a, s'encocardèrent en un clin d'œil..... Mais voilà qu'à cinq heures la scène change : *La Moricière ! Voici La Moricière ! Vive La Moricière !* s'écrie-t-on de tous côtés. Et en effet le général chrétien arrive. Sa troupe marchait au pas de charge, car elle croyait Lorette au pouvoir de l'ennemi. Les guides étaient en tête, et l'on voyait étinceler dans les regards de tous ces jeunes hommes l'ardent désir de combattre. Les drapeaux, les cocardes disparurent, s'il se peut, plus vite qu'ils n'étaient apparus, et les cris de : *Viva Pio nono! Viva il generale! Viva Lamoricière!* éclatèrent avec violence.

» Je faisais de douloureuses réflexions, comme vous pensez, non pas sur la mobilité, mais sur la pusillanimité de ce pauvre peuple italien. Voilà ce qu'en font ceux qui, tantôt par des proclamations mensongères et de basses intrigues, tantôt par d'infâmes violences et de parricides agressions, prétendent assurer sa liberté et son indépendance. Ils lui enlèvent deux choses qu'il possédait plus qu'aucun peuple au monde : le bien-être et la paix. Que deviendront au milieu de cela l'honneur et la foi ?.....

» En peu d'instants la petite armée fut campée sur la grande place et dans les rues, et cinq guides furent envoyés en reconnaissance sur la route d'Osimo, pour s'assurer si un pont était ou non coupé. Parmi eux se trouvait le jeune Mizaël de Pas, de Lille. Un boulet lui fractura le bras. On le rapporta au collége des Jésuites. Nous assistâmes au premier pansement de sa blessure ; il souffrait avec une résignation angélique et murmurait des mots de reconnaissance à Dieu, qui le daignait choisir parmi les premières victimes immolées à sa cause. Ah ! que ce jeune chrétien me parut grand, et que les Piémontais me parurent misérables ! M. de Pas édifiait ses compagnons d'armes par sa piété, par sa vertu. Il n'a pas survécu à sa blessure. Après quelques jours d'affreuses souffrances, il est mort à Lorette. Si sa mère, dont il parlait avec une tendre vénération, lit ces lignes, qu'elle sache que tout en compatissant à sa douleur, nous la disons très-heureuse au regard de Dieu. Elle a donné à l'Eglise un des héros les plus dignes, une des victimes les plus aimables.

» Dans la journée de lundi 17, on attendait la colonne de Pimodan qui ne tarda pas à arriver par Porto di Recanati.....

» J'eus le bonheur d'offrir le saint sacrifice sur l'autel de la Santa-Casa. La basilique était remplie d'officiers et de soldats, qui, sans distinction de rang, s'agenouillaient devant la table sainte. Je passai tout le jour au milieu d'eux, et je me sentais pénétré de respect et d'admiration en voyant tant de foi et tant de valeur. « Monsieur l'abbé, disaient les Français, nous » sommes heureux de voir arriver l'heure du

» combat. Les plaines et les collines, aux alen-
» tours de Lorette, sont couvertes de Piémon-
» tais, et nous ne sommes, auprès de cette ar-
» mée de 45 à 60,000 hommes, qu'une petite
» poignée de soldats. Nous serons tous tués peut-
» être, mais ils ne triompheront pas. Notre sang
» et notre vie ne seront pas inutilement donnés,
» et Dieu nous récompensera dans nos familles
» et dans notre patrie. »

» Dans la soirée, les généraux de La Moricière et Pimodan, et presque tous les officiers et soldats se préparèrent à affronter le péril de la bataille qui devait avoir lieu le lendemain, en s'approchant du tribunal de la réconciliation. Plusieurs m'ayant demandé de les entendre, j'obtins la permission de l'évêque de Lorette, et je bénis Dieu de m'avoir donné d'assister en ce moment suprême tant de nobles et saints enfants de la France. Le mardi, dès l'aube du jour, ce furent des scènes dignes des plus glorieuses époques des croisades. Comme prêtre et comme français, j'éprouvai d'indicibles consolations. A quatre heures, *de La Moricière*, *de Pimodan*, *tout l'état-major*, *les guides*, *les Franco-Belges*, *les régiments allemands, les étrangers, les artilleurs, les indigènes reçurent le Corps divin du Seigneur dans le très-saint sacrement de l'Eucharistie.* Je les vis la plupart le front prosterné sur le pavé de cette basilique que tant de fronts ont touché. Je remarquai, entre autres, M. de Bourbon-Chalus, qui resta longtemps dans cette posture suppliante. *Le recueillement des deux généraux avait quelque chose de si grave, de si solennel, que je n'ai pu maîtriser mon émotion.* J'avais vu d'ailleurs autour d'eux des visages baignés de larmes. En sortant de l'église, un Suisse me dit : « Voici » une lettre pour ma mère. Priez pour nous, » monsieur l'abbé ; nous allons verser notre sang » pour la sainte Eglise et pour le Pape. » J'ai su depuis que ce noble jeune homme a été tué, et j'ai envoyé sa lettre en y joignant quelques lignes pour sa mère. Plusieurs de mes compatriotes me remirent leurs lettres. Sur les remparts, du côté de la plaine au nord, où l'on apercevait un mouvement de troupes ennemies semblable à de nombreuses fourmilières, les Franco-Belges me dirent : « Monsieur l'abbé, » embrassez-nous et bénissez-nous, car nous

» ne nous reverrons plus qu'en haut. » Ils disaient vrai.

» Une demi-heure avant le départ, le général nous fit appeler, mon compagnon de voyage et moi. « Vous retournez à Rome, nous dit-il : » dites à Mgr de Mérode de nous envoyer des » vivres à Ancône. Nous espérons y être ce soir. » L'ennemi est très-nombreux, nous sommes » peu de monde. Mais nous espérons en la sainte » Vierge. » Il emportait de la Santa-Casa les drapeaux de Lépante. Nous voulûmes voir défiler la petite milice, image sainte et sublime des chrétiens qui, toujours en minorité, livrent au monde de saints et sublimes combats. La gloire et l'honneur éclairaient les regards de tous ces hommes. Nous nous tenions debout, le chapeau bas. « Si nous nous mettions à genoux, me dit » mon compagnon ; ce sont des martyrs ! » Nous échangeâmes un regard et un serrement de main. Notre *vetturino* s'impatientait ; nous quittâmes Lorette, priant Dieu et sa sainte Mère d'assister leurs défenseurs. A trois kilomètres de la ville, nous entendîmes commencer la fusillade, puis le bruit du canon.... Ah ! que les premiers coups nous allèrent au cœur[1] ! »

C'était le canon de Castelfidardo. « Et ces généreux soldats qu'on a essayé de flétrir en les appelant des *mercenaires*, des *ivrognes*, des *gens sans feu ni lieu*, sont les vaincus de ces Thermopyles chrétiennes, auxquels Dieu a octroyé dès ici-bas une gloire aussi rare qu'impérissable. Avec leur héroïque chef, ils ont compté au premier rang de ceux qui sont les témoins de Dieu dans le grand duel du bien et du mal, des hommes prédestinés à être les répondants du bien, de l'honneur et de la justice[2]. »

La Moricière, comme il l'avoue lui-même, avait compté sur l'appui de la France, et s'était servi de l'annonce de cet appui pour soutenir le moral des troupes qu'il commandait. « Mais on » se tromperait fort, ajoute-t-il aussitôt, si l'on » voulait chercher l'explication du plan de cam- » pagne que j'ai adopté dans l'espoir du con- » cours qui semblait nous être promis. J'étais » placé en présence d'une question de devoir et

[1] La lettre qu'on vient de lire a été adressée au journal *le Monde*.

[2] Mgr Dupanloup : *Oraison funèbre des morts de Castelfidardo*.

» d'honneur, et si j'avais tenu compte dans mes » résolutions de la grandeur du péril qui pou- » vait nous attendre, mes anciens compagnons » d'armes de l'armée française m'auraient renié, » et j'ose même dire qu'ils ne m'auraient pas » reconnu[1]. »

Le combat fut donc livré à Castelfidardo, et La Moricière se montra là tel qu'il fut toujours.

« ... Après avoir tout ordonné, tout inspecté lui-même, et marqué l'emplacement de chaque bataillon, sous le feu de l'artillerie piémontaise, au plus fort de la mêlée, il monte la colline au galop, pénètre jusqu'à la ferme où l'héroïque Pimodan venait de recevoir sa première blessure, et lui tend la main ; puis, comme c'était son habitude en Afrique, il pousse son cheval, seul, à cent pas au delà des lignes, en face de l'ennemi, pour juger la situation, rejoint le reste de l'armée, essaie encore d'entraîner au secours de l'intrépide bataillon des zouaves les bataillons qui n'ont pas donné ; et quand tout est perdu, écrasé, ce qu'il voulait faire avec son armée, il le fit

1 Rapport du général de La Moricière à Mgr de Mérode sur les opérations de l'armée pontificale dans les Marches et l'Ombrie.

seul. Il menait son armée à Ancône : il y alla. Deux régiments piémontais lui barraient la route jusqu'à la mer ; il passa, à travers six lieues d'obstacles, avec quelques cavaliers, malgré les deux régiments. Les généraux ennemis en furent confondus : ils crurent qu'ils avaient passé par la mer.

» L'arrivée inespérée du général à Ancône fut saluée par des hourras qui se répondaient de tous les forts et postes détachés. La flotte piémontaise en parut stupéfiée ; les frégates cessèrent le feu et retournèrent au large prendre leur mouillage. L'entrée du général rendait à tous le courage ; partout sur son passage les soldats poussaient des cris de joie ; les tambours battaient. Aux portes, aux fenêtres des maisons, les figures étaient muettes d'étonnement et de surprise.

» Et je le vois immédiatement après à Ancône, excitant les ardeurs éteintes, animant à une résistance désespérée, protestant que rien au monde ne lui fera amener son drapeau, tant que ses défenses seront intactes, devant des menaces de bombardement ou d'escalade : pendant douze jours, avec trente-quatre canons contre trois cent cinquante, il soutint ce siége héroïque, toujours afin de donner le temps aux puissances catholiqnes de venir. Elles ne vinrent pas !...

» Et quand il fut prouvé que d'aucun côté rien ne viendrait, quand les défenses du fort écroulées eurent laissé ouverte une brèche de sept cents mètres, la tâche de La Moricière fut finie : il ne lui restait plus qu'à boire courageusement jusqu'à la lie son glorieux calice ; il rendit ses vaillantes armes et laissa voir au monde La Moricière prisonnier.

» Il fut donc vaincu ; oui, comme les Croisés, dont les défaites ont sauvé l'Europe et la civilisation du monde !

» Vaincu, mais après avoir taché de sang les mains des envahisseurs, et cette tache ne s'effacera pas !

» Oui, vaincu, bombardé, et bombardé encore pendant douze heures après la capitulation ; mais devant l'éternel honneur, devant l'histoire et devant Dieu, qui n'aimerait mieux ici être le vaincu que le vainqueur ? »

Tout a été dit sur Castelfidardo et sur les

héros de cette immortelle journée [1]. « Castelfidardo, quoique souvenir d'une défaite, s'est inscrit en lettres de diamant dans l'histoire de l'Eglise [2]. » Laissons donc l'histoire redire un jour à nos descendants en leur rappelant ce souvenir : Il est grand pour le faible de lutter contre le fort quand le devoir l'ordonne ; il est grand de s'exposer avec certitude à mourir pour la défense d'une cause légitime et pour l'honneur d'un drapeau noble et sacré !

Ancône avait succombé... L'amiral de Persano, racontant l'arrivée de l'illustre prisonnier à bord du vaisseau amiral, nous le montre grand et digne encore devant un vainqueur forcé de respecter et d'honorer son vaincu.

« Un aide de camp du général de La Moricière, dit-il dans son rapport, m'a apporté une lettre du général : il demandait à venir à mon bord avec son état-major. Je lui ai répondu que, sauf mon devoir, il commanderait et j'obéirais à

[1] Voir *les Martyrs de Castelfidardo — Lorette et Castelfidardo*, les magnifiques discours de NN. SS. d'Orléans, de Poitiers, etc., etc.

[2] Mgr Plantier.

mon bord, et que je mettais à sa disposition ma première chaloupe, avec un officier pour lui rendre honneur. Le lendemain, il s'est rendu à bord avec un nombreux état-major; je l'ai reçu avec toute distinction. En entrant, il a dit que c'étaient la valeur et l'habileté de la marine qui l'avaient fait consentir à la reddition de la place. Comme je restais tête nue, lui montrant mon appartement, dont je le mettais en possession, il a paru ému, et il a dit ces mots dignes des hauts sentiments d'un soldat français : *Les braves sont toujours généreux!* »

Suivons le glorieux vaincu en France, et dans les dernières années de sa vie : son attitude sera toujours noble et digne comme sur le vaisseau amiral de son généreux vainqueur.

CHAPITRE X

Dernières années et mort du général de La Moricière. — Honneurs rendus à sa mémoire

Cette attitude noble et fière va se montrer de nouveau en face du péril. Conduit par les Piémontais à Gênes, sur les côtes de l'Adriatique, La Moricière vit s'élever une violente tempête. Le capitaine du navire, aux abois, ne sait plus donner des ordres. Le général s'en aperçoit, et avec ce sang-froid admirable qu'il avait toujours au moment du péril, « Nous sommes prisonniers sur parole, dit-il ; mais nous ne nous sommes pas engagés à nous laisser noyer. » A l'instant, il donne le commandement à un ancien officier de marine blessé qui se trouvait à bord, fait fabriquer avec ce qui resait de cartouches aux prisonniers des gargousses et tirer le canon d'alarme. Bientôt arrivait de Brindes un pilote, et le navire était sauvé.

« Dans les eaux de la mer Tyrrhénienne, le bateau qui le portait se croisa avec un bâtiment qui ramenait deux mille de ses soldats rendus à la liberté, grâce à la ferme et habile négociation de M. de Corcelles. En les voyant, il les salua de la main. Dès que ceux-ci reconnurent leur général, ils le saluèrent d'une immense acclamation qui retentit au loin sur les flots, comme s'ils eussent été vainqueurs !

» Et ils l'étaient ! car le vieil honneur du sang français, l'honneur du sang chrétien, ils l'avaient soutenu jusqu'au bout.

» Ils l'étaient ! car ils avaient combattu et souffert pour la religion et pour la justice, choses, bon gré malgré, ici-bas invincibles.

» Quand Pie IX revit leur général à Rome, n'emportant de son désastre que le drapeau de Lépante qu'il avait pu sauver, et que, ne sachant dans son cœur comment s'acquitter de Castelfidardo, il eut un moment la pensée de jeter sur le glorieux vaincu l'honneur du principat romain, « Non, répondit le général, » je m'appelle et désire m'appeler toujours » Léon de La Moricière. » Alors Pie IX trouva dans son cœur et lui écrivit ces touchantes paroles : « Je vous envoie du moins ce que vous » ne pourrez refuser : l'ordre du Christ, pour » lequel vous avez combattu, et qui sera, je » l'espère, votre récompense et la mienne[1]. »

En France, les catholiques voulurent offrir une épée d'honneur au noble défenseur du Saint-Siége. Mais le général de La Moricière refusa cet hommage. « Je ne puis oublier, écrivait-il à M. le vicomte Le Mercier, président du comité de souscription, qu'un général qui n'a fait que sauver l'honneur de son drapeau ne mérite et ne peut recevoir aucune récompense. »

Rentré dans son pays, La Moricière se reposait de ses grands travaux entrepris pour le service de l'Eglise et du Pape, et durant tant d'années pour le service de la France, en faisant dans ses deux paroisses de Louroux et de Prouzel le bien sous toutes ses formes : églises, écoles, soins des malades, sœurs de charité,

[1] Mgr Dupanloup.

ou bien améliorations agricoles, routes entreprises à ses frais, aumônes, etc. Toutes ces bonnes œuvres étaient pour lui son unique récréation. Ses pensées étaient constamment dirigées vers le bien et le progrès continuel du bien. « La reconstruction de l'église de son village fut pendant cinq ans sa grande œuvre. Il se réjouissait d'en voir s'élever la flèche lorsqu'il fut frappé par la mort.

» Du reste, ajoute Mgr d'Orléans, il remplissait avec une scrupuleuse exactitude tous les devoirs privés et publics du chrétien. Les lois de l'Eglise, il les observait simplement. On le voyait, donnant l'exemple, prendre plaisir à assister le dimanche aux offices de sa paroisse, soit à la ville, soit à la campagne.

» Il s'approchait fréquemment des sacrements, le matin, de bonne heure, sans respect humain, puisqu'il ne se cachait de personne, et aussi sans ostentation, car il se mettait tout humblement dans un petit coin de l'église. Il se tenait toujours prêt à paraître devant Dieu. « L'avenir ne nous appartient pas, répétait-il » à Rome à ses jeunes aides de camp; quand

» on part pour une expédition, on doit se dire » qu'on n'en reviendra pas ; et il faut arranger » ses affaires spirituelles et temporelles en con- » séquence, de telle sorte qu'on n'ait plus qu'à » marcher en avant. »

On nous saurait mauvais gré de ne pas terminer les pages de ce livre par les *touchants récits* des derniers accents d'une bouche éloquente, dans la cathédrale de Saint-Pierre de Nantes, devant l'élite de la noblesse bretonne, les fidèles amis de La Moricière et une blanche couronne de mille prêtres qui ornait le saint lieu. Rappelons donc ces récits qui viennent ajouter un nouveau trait et *comme un doux et pur rayon* à cette mâle et fière physionomie de notre héros chrétien.

« Son bonheur était de travailler lui-même à former le cœur de ses enfants ; il aimait à prier avec eux. Ses filles lui faisaient quelquefois dire avec elles une dizaine de chapelet. Il suivait surtout leurs leçons de catéchisme. Il les y conduisait lui-même souvent, le leur faisait répéter et expliquer. Il assistait aux leçons qu'on leur en faisait chez lui, se promenant durant ce temps dans la chambre, et écoutant. Pendant les retraites qui précèdent les premières communions, — c'est de son curé même, que je tiens ces choses, — il s'occupait de ses filles avec une sorte d'âpreté tendre et inquiète. Lui qui ne revenait plus à Paris et qui n'y a jamais séjourné depuis son exil, y est venu et y a demeuré aux deux grandes époques de la communion de ses enfants. Il communia la veille de la première communion de l'aînée; et à la première communion de sa seconde fille, il communia à côté d'elle le jour même. Voilà quel père et quel chrétien c'était. « Je l'ai vu pleurer » comme un enfant ce jour-là! » me dit un de ses amis. Et il ajoute : « Et nous ayant tous, » ce même jour, réunis à sa table, il nous » laissa de lui, comme homme, comme chré- » tien, comme père, une impression d'édifi- » cation et d'admiration que je n'oublierai de » ma vie. »

» Il ne pouvait, du reste, voir ses enfants malades sans tomber dans des inquiétudes mortelles. « Je ne me comprends pas moi-même, » disait-il à un de ses amis; moi qui ai vu tant

» de fois la mort en Afrique, je ne puis les voir » souffrir sans que les larmes me viennent aux » yeux. » Ah! c'était le cœur le plus tendre sous une enveloppe de bronze.

» Je vous en citerai encore un trait bien inconnu. Je le prends au sein même de cette puissante activité que j'ai essayé de vous dépeindre, dans son commandement de Rome. Un soir, à Pesaro, il s'était couché triste et préoccupé. Tout à coup, dans la nuit, il appelle son aide de camp. Celui-ci le trouve ému, consterné, n'y tenant plus, et il entend ces paroles entrecoupées : « Pauvre femme! pauvres » enfants! Enfin, mon Dieu! il en sera ce que » vous voudrez! » Le bateau qui devait amener sa femme et ses enfants était en retard de vingt-quatre heures, et les nouvelles télégraphiques de Civita-Vecchia disaient que la mer était horrible. Le général pria toute la nuit, à genoux, et le lendemain il disait à son aide de camp : « J'ai passé une rude nuit! »

» Achevons-en le portrait, et regardons-le un moment dans ses relations sociales. Tous ceux qui l'ont connu attestent, avec la bonté de son cœur et la loyauté de son caractère, la sûreté et l'amabilité de son commerce. Il exerçait autour de lui une sorte de séduction. Quiconque l'approchait était sous le charme. Son esprit était des plus variés, des plus étendus, des plus féconds, et toujours en mouvement; se mêlant à tout, comprenant tout, ayant une opinion sur tout, *même sur les hypothèques*, disait un de ses amis : d'ailleurs d'une bonne foi admirable, et d'un rare désintéressement d'amour-propre pour revenir d'une erreur. Sa conversation, vive, animée, spirituelle, abondait en traits, en saillies, en images naturelles et ingénieuses, expressives et pittoresques, empruntées de la vie des camps où il avait vécu, et à la vie rurale dont il était fort épris. Il parlait, en un mot, comme un Breton et un soldat, avec une grâce qu'on aimait en tout pays, quoiqu'elle fût très-française. Son Anjou, sa chère Bretagne et sa chère Afrique en étaient le fond. Lorsqu'il eut à donner un uniforme aux zouaves, il se souvint du costume commode de l'Armorique. Sa verve était quelquefois familière, mais avec un certain sel gaulois, soldatesque et champêtre, qui ne permettait pas de la juger comme entachée de trivialité, et à côté de je ne sais quelle originalité perçait la grâce naïve, la droiture de l'âme et un vigoureux bon sens. Jamais de morgue; aucune prétention, même hiérarchique; sa modestie était vraie, sans efforts; c'était celle d'un homme de bien qui ne songe qu'à son devoir, et non pas seulement d'un homme de bon goût qui sent le ridicule attaché à la vanterie. Jamais il ne parla comme un génie malheureux, étouffant des discours qu'il n'avait pu faire, ou des victoires qu'on lui avait dérobées. Il avait horreur des grands mots : ils lui échappaient malgré lui, et jamais il n'y a mis la moindre toilette. Lettré, il citait au Pape, à l'occasion, Virgile et Horace, et quelquefois saint Paul à son curé. C'était du reste l'homme le plus âpre au labeur. Toute la fougue et l'impétuosité de son caractère se concentraient instantanément sur un travail, immobile, persévérant, quelquefois pendant vingt-quatre heures, jusqu'à ce qu'il eût creusé jusqu'au fond, et conquis la vérité. Il ne lâchait pas prise sans cela. Son obstination et son audace croissaient avec les difficultés. De plus, il devenait alors aussi attentif et circonspect qu'il paraissait quelquefois incandescent et mobile, dans les loisirs qui précèdent l'action. La responsabilité des fortes entreprises était comme un lest qui réglait tout d'un coup ses impétueux mouvements, et sans lui ôter, au besoin, sa fougue entraînante, lui apportait toute la prudence du commandement.

» Dans les affaires, son ardeur l'entraînait quelquefois à des vivacités, mais jamais à rien d'amer ou d'offensant pour personne. Ses colères apparentes étaient quelquefois très-vives, mais la bonhomie se devinait dans ses anathèmes. L'habitude du commandement, le besoin d'une exécution intelligente et rapide, la passion de bien faire excusaient toujours ses plus grandes brusqueries ; et dès qu'il s'apercevait d'une impression pénible, combien il était prompt à l'effacer par les plus gracieux retours ! Il savait ainsi ajouter à ses défauts mêmes tout le charme de son cœur et de son esprit. Jamais il ne dit de mal de personne, même dans son exil ; c'est ce que m'ont attesté deux des hommes qui ont le plus longtemps vécu dans son intimité.

Il ne dénigrait jamais qui que ce fût. Il jugeait les hommes, il ne les dénigrait pas. Rien de petit dans cette nature. Honnête homme et homme d'honneur au plus haut degré; mélange singulier et aimable des qualités bretonnes, françaises et militaires, et enfin chrétiennes, quand la pratique de la religion eut pénétré dans sa vie, et ajouté aux dons de la nature ce je ne sais quoi d'achevé et de plus heureux encore qui vient des dons de Dieu.

» C'est dans l'exercice modeste de ces vertus si simples mais si grandes, adouci, dompté, transformé par la grâce, chrétien sincère et pratiquant, ressentant dans son âme les douleurs et les épreuves de l'Eglise comme de la patrie, que l'élection divine vint le chercher pour cette gloire, dont il était digne, et le fit ici-bas le soldat de Dieu et de L'Eglise, et le représentant, à l'heure solennelle où nous sommes, de la fidélité catholique et de l'honneur français [1]. »

Un dernier trait achèvera de peindre cette grande âme. Le général de La Moricière n'avait

[1] *Oraison funèbre du général de La Moricière*, par Mgr l'évêque d'Orléans.

été nullement découragé ni abattu par ses revers : malgré les circonstances actuelles, ou plutôt peut-être pour cela même, il était toujours prêt à retourner à Rome au premier signal du Saint-Père, et à reprendre la mission qui lui avait été confiée [1].

Dieu s'est contenté de sa bonne volonté. Son heure suprême allait bientôt venir... Il se reposait de ses fatigues dans cette terre du Chillon, où il avait passé sa jeunesse et qu'il aimait de prédilection. Le 26 juillet, au jour de sainte Anne, à laquelle, comme un fidèle Breton, il était particulièrement dévot, il vint faire la sainte communion dans cette église de Louroux-Béconnais qu'il avait tant contribué à faire construire ; il y pria longtemps et avec une piété plus vive que jamais. Puis il rentra au Chillon pour faire ses adieux à son épouse bien-aimée et à ses chères filles qu'il ne devait plus revoir. Mme de La Moricière partait pour les Pyrénées ; le général pour sa terre de Prouzel, près d'Amiens.

Il était plein de force ; on le croyait du moins.

[1] Voir le discours de l'évêque d'Angers en l'église de Louroux.

Cependant il avait toujours eu des pressentiments de mort, et sa maxime, comme nous l'avons vu, était qu'il fallait toujours être prêt pour ne pas être surpris.

« Dieu l'avait dégoûté des grandeurs de ce monde, dit Mgr Plantier, lorsque du sommet de la gloire il s'était vu jeté tout d'un coup à l'autre extrémité des choses humaines. Il lui avait également appris à dédaigner l'opinion, en lui faisant voir, peu de jours auparavant, Abd-el-Kader, le vaincu d'Afrique, traité comme un prince et voyageant triomphalement en France, tandis que lui, La Moricière, le vainqueur de l'émir, était enseveli dans une retraite inconnue ou plutôt oubliée. De tels spectacles sont bien propres à détacher de la terre. C'était la conclusion que le grand général en avait tirée. Son âme s'était tournée tout entière du côté de Dieu pour s'attacher à lui tout entière.... »

Il était donc seul à la campagne, attendant sa femme et ses enfants qui devaient bientôt revenir. C'était un dimanche 10 septembre, jour d'adoration du Saint-Sacrement dans l'église de son village de Prouzel. Le général était allé, selon sa coutume, à la grand'messe ; le soir il s'était rendu encore au salut, et on avait vu rester tout le temps à genoux au milieu des paysans le vieux soldat de nos guerres d'Afrique.

« Sa bonne journée de chrétien ainsi faite, ajoute Mgr d'Orléans, il était rentré paisible et content chez lui. Il avait lu ensuite, comme il le faisait chaque soir, quelques pages de l'histoire des luttes de l'Eglise. Le curé de son village était venu, suivant son habitude du dimanche, passer sa soirée avec lui, et ils étaient restés à causer ensemble jusqu'à dix heures et demie. Quand le curé le quitta : « Je suis très-
» content, monsieur le curé, lui avait dit le gé-
» néral, de ce que vous m'avez dit ce soir. » L'entretien avait roulé sur le purgatoire, le ciel et la vie future. Il ne savait pas en être si proche. Tout à coup, à une heure du matin, une douleur inaccoutumée, soudaine, se fait sentir. C'était la mort, ou plutôt c'était Dieu qui venait. Il détache aussitôt de la muraille son crucifix, pour son dernier combat, comme autrefois il saisissait son épée. Quand le prêtre arriva, le général était debout, marchant à pas lents dans

sa chambre, et pressant le crucifix sur son cœur. A la vue du prêtre, il tombe à genoux, appuyé sur son lit ; le crucifix échappe à sa main défaillante, mais il le retenait encore et le serrait avec ses deux bras sur sa poitrine. Le prêtre a le temps de lui donner une dernière absolution. Cela fait, il remit son âme aux mains de son Créateur.

» Près de son lit, sur une table, se trouvait encore ouverte cette histoire de l'Eglise ; non loin de là, sur un guéridon, une *Imitation de Jésus-Christ*, avec des marques mises par lui aux chapitres qu'il préférait ; plus loin, des livres de guerre : tout dans cette chambre respirait la foi et la vie d'un grand capitaine catholique et français.

» Ainsi s'éteignit ici-bas ce vaillant cœur ; ainsi mourut-il sans appareil, seul, dans ce château désert, au milieu des ombres de la nuit, dans le silence du ciel et de la terre ; rien là que Jésus-Christ et son soldat en présence d'un pauvre prêtre, et le soldat serrant la croix de son Dieu sur son cœur. »

Après avoir reçu de dignes honneurs funèbres

sous les voûtes de la vieille basilique d'Amiens, où l'éminent évêque de cette ville trouva dans sa foi et dans son cœur de sublimes et d'émouvantes paroles, qui furent répétées par la France entière, la dépouille mortelle du vaillant général fut emportée au fond de sa chère Bretagne.

Au déclin du jour, un cercueil se dirigeant vers un cimetière de village traversa presque obscurément les rues de cette capitale, sauvée de la barbarie par celui-là même qu'on portait là, dans ce simple cercueil, escorté seulement de quelques amis fidèles. Puis il s'achemina vers cet humble cimetière de Saint-Philbert-de-Grand-Lieu, où la voix sympathique d'un digne frère d'armes, a fait entendre sur la tombe d'un ami cette parole prophétique, qui résume sa vie entière et tous les éloges qu'on pourrait lui décerner :

« Mon général.... l'histoire de votre pays vous rendra la justice que vous l'avez bien aimé, que vous l'avez bien servi et que vous avez bien vécu[1]. »

Oui, général, l'histoire vous rendra cette jus-

[1] Discours du général Trochu.

tice. Et déjà même votre pays vous l'a rendue. Combien peu d'hommes dans notre siècle ont suscité autour de leur tombe le même concert d'hommages, de regrets et d'éloges qu'on a vu éclater en votre honneur! Tandis que dans la cathédrale d'Amiens un évêque laissait tomber de si touchantes paroles sur votre dépouille; tandis que, en Bretagne, votre digne compatriote et frère d'armes, le brave général Trochu, épanchait sur votre tombe les plus mâles accents du soldat, du Breton et du chrétien, à l'autre extrémité de la France, l'évêque de Nîmes adressait à son clergé un appel chaleureux en votre faveur. Bientôt après, un des plus vaillants défenseurs de la liberté religieuse dans le monde laïque prenait la plume à son tour pour dire votre gloire; et une grande voix, émule de celle de Bossuet, ajoutait à tous ces hommages un brillant couronnement, que relevait naguère encore la voix si touchante d'un vénérable pontife dans une église de campagne construite par vos soins. Dans nos grandes villes, comme dans nos humbles bourgades, on s'est souvenu de vous au pied des autels. La France catholique a su vous honorer. Ce spectacle est consolant, et il hnoreo à son tour les sentiments généreux du pays que vous avez si bien servi, si bien aimé !...

Les pays étrangers ont eux-mêmes pris part à ces éclatantes manifestations. Les Etats pontificaux surtout se sont signalés par les élans d'une pieuse reconnaissance. Un service solennel en l'honneur du héros chrétien a été célébré dans l'église d'*Ara-Cœli*, à Rome, près du Capitole, où il était digne de monter. A Frascati, en présence d'une illustre assistance, en présence des zouaves formés par La Moricière, un nouvel évêque a fait entendre une allocution empreinte des sentiments les plus élevés et les plus touchants [1]. Pie IX a versé des larmes et des prières sur le plus valeureux de ses fils. Rome tout entière lui a décerné de splendides funérailles, et par une distinction inouïe depuis plus de trois siècles, la ville éternelle réserva au défenseur du Saint Siége les mêmes honneurs funèbres qu'elle rendait en 1584 à Marc-Antoine Colonna, amiral des galères pontificales et l'un des vainqueurs de Lépante avec don Juan d'Autriche.

[1] Mgr Deschamps, évêque de Namur.

Le dernier et digne successeur de saint Hilaire sur le siége de Poitiers a, lui aussi, rendu hommage à la mémoire du héros chrétien dans son beau langage apostolique, nourri des saintes Ecritures et toujours rempli des plus solides enseignements.

Par toute la France, des souscriptions s'établissent pour perpétuer par un monument la mémoire de ce héros chrétien. Citons parmi elles celle de M. Yves Ruffaut, qui fait précéder sa modeste offrande de ces mots : *Sauvé en* 1841 *au col d'Abd-el-Kéréda par le général de La Moricière, qui, m'arrachant blessé des rangs des Arabes, me mit sur son cheval et m'y maintint jusqu'à ce que nous fûmes hors de danger* [1].

Un monument donc va bientôt s'élever sur le sol qui recouvre ses cendres généreuses, et répondra dignement aux augustes souvenirs qu'il doit représenter, c'est-à-dire les éternels souvenirs de l'héroïsme patriotique et du dévouement chrétien. « Oui, ce monument, comme on l'a dit, mieux encore que le mausolée des Trente auprès du chêne de Mi-Voie, enseignera aux

[1] Quatorzième liste du *Journal de Rennes*.

générations futures les immortelles traditions de l'honneur français et les grands devoirs du sacrifice chrétien. »

C'est donc là, au fond d'une lande bretonne, que les nobles cœurs iront, comme l'un d'entre eux l'a dit dans son fier langage, apprendre « à sauver avant tout le caractère qui fait toute la puissance et toute la valeur de l'homme ici-bas... à être doux et forts dans le malheur, à trouver le calme et la joie dans la souffrance, à la supporter sans abattement et sans aigreur ; à savoir accepter quand il le faut de n'être plus qu'un serviteur inutile, et à gagner ainsi la vie éternelle[1]. » C'est là aussi que les âmes chrétiennes iront longtemps encore répéter sur les cendres du général la prière d'un évêque illustre : « Mon Dieu ! pendant que nous l'exaltons où il n'est plus, veuillez faire qu'il soit pleinement heureux où il est. Son souvenir va rester ici-bas en bénédiction ; que son âme, si elle n'y est déjà, entre bientôt dans les rangs de la milice céleste, et prenne un rang d'honneur parmi les défenseurs les plus glorieux de votre cause et de celle de

[1] M. de Montalembert.

votre adorable Fils ! En même temps que vous le récompenserez là-haut, étendez le bouclier de votre tendresse sur cette douce et pieuse famille qu'il a laissée ici-bas, afin qu'à l'ombre de vos miséricordes elle jouisse d'un bonheur égal à ses vertus et à la grandeur du nom qui la couronne de gloire[1] ! »

1 Mgr Plantier.

FIN

TABLE

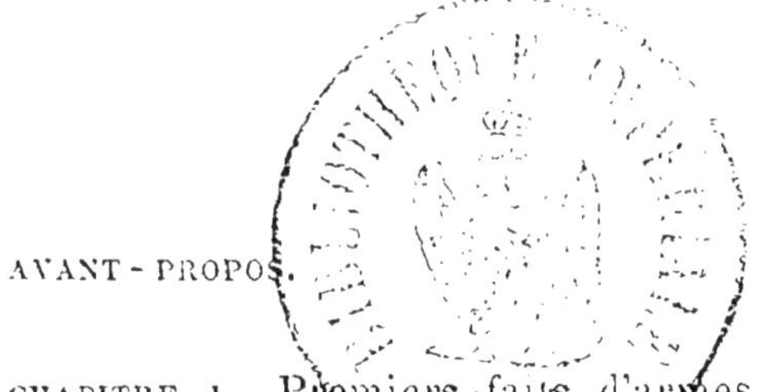

A LA MÊME LIBRAIRIE

ET CHEZ LES PRINCIPAUX LIBRAIRES

☞ En envoyant le prix en un mandat de la poste ou en timbres-poste, on recevra *franco* à domicile.

VOLUMES IN-8°

à 2 fr. 50 le volume :

CHATEAU (le) de Bois-le-Brun; par S. Bigot.
CHINE (la) et la Cochinchine; par J. J. Roy.
CHRISTIANISME (le) au Japon, d'après Charlevoix.
CONSTANTINOPLE, avec *vue* et *plan* de cette ville.
DIEU, le Christ, son Eglise, ses Sacrements; par M. l'abbé Petit.
DORSIGNY (les), ou Deux Educations; par S. Bigot.
HISTOIRE de la vie de N. S. Jésus-Christ; par le P. de Ligny.
HISTOIRE de saint Laurent; par M. l'abbé Labosse.
LACORDAIRE (le P.); par Maxime de Montrond.
LAURE DE CERNAN; par l'aut. du *Château de Bois-le-Brun*.
MODÈLES les plus illustres dans le sacerdoce et la religion.
Mgr AUVERGNE : ses voyages au mont Liban, au Sinaï, à Rome, etc.
MUSICIENS (les) les plus célèbres; par Maxime de Montrond.
NAPLES : histoire, monuments, beaux-arts, littérature. L. L. F.
POËTES les plus célèbres : français, italiens, anglais, espagnols.
PRÉLATS (les) les plus illustres de la France.
SAINT AMBROISE; sa vie et extraits de ses écrits.
SAINT ATHANASE; sa vie et extraits de ses écrits.
SAINT AUGUSTIN; sa vie et extraits de ses écrits.
SAINT BASILE; sa vie et extraits de ses écrits.
SAINT BERNARD; sa vie et extraits de ses écrits.

SAINT CYPRIEN; sa vie et extraits de ses écrits.

SAINT ÉPHREM; sa vie et extraits de ses écrits.

SAINT GRÉGOIRE DE NAZIANZE; sa vie et extraits de ses écrits.

SAINT JEAN CHRYSOSTOME; sa vie et extraits de ses écrits.

SAINT JÉROME; sa vie et extraits de ses écrits.

SAINT MARTIN, évêque de Tours; par Maxime de Montrond.

SAVANTS (les) les plus célèbres; par le même.

SICILE (la) : souvenirs, récits et légendes; par M. l'abbé V. Postel.

SOUVENIRS de voyage : la Suisse, le Piémont, Rome, Naples, toute l'Italie; par Mme la comtesse de la Grandville, 2 vol.

SYRIE (la) en 1860 et 1861 : massacres du Liban et de Damas, et expédition française; par M. l'abbé Jobin.

VENDEVILLE (Mgr), évêque de Tournai; par le R. P. Possoz.

WISEMAN (le cardinal) : étude biographique, par M. de Montrond.

A 1 fr. 50 le volume :

BON (le) CONSEILLER; par l'abbé Petitpoisson.

CONQUÊTES du christianisme en Asie, en Afrique, etc., par C. Guénot.

DOM LÉO, ou Pouvoir de l'amitié; par E. S. Drieude.

EDMOUR ET ARTHUR; par le même.

ÉPREUVES de la piété filiale, par le même.

ÈRE (l') DES MARTYRS; par M. H***.

EUROPE (l') CHRÉTIENNE; par C. Guénot.

GUERRE (la) DE CENT ANS; par A. de la Porte.

HISTOIRE des empereurs romains, d'après Crevier, par Boissart.

HISTOIRE naturelle présentée à l'esprit et au cœur.

JOURNAL de Clotilde; par Mlle S. Wanham.

LORENZO, ou l'Empire de la religion; par E. S. Drieude.

MARTYRS (les) du Japon; par Max. de Montrond.

MENDIANTE (la) DE SAINT-EUSTACHE; par Mme C. Breton.

ROSARIO; histoire espagnole; par E. S. Drieude.

SCÈNES de la vie des animaux; par M. P.

UNE GUERRE de famille; par Marie Emery.

A 1 fr. 25 le volume :

ALGÉRIE (l') chrétienne; par A. Egron
AMICIE; par Marie Emery.
APOTRE (l') de la charité : vie de saint Vincent de Paul.
ARMAND RENTY ; par J. Aymard.
BRUNO, ou la Victoire sur soi-même.
CHAPELLE (la) SAINT-JEAN; par M. l'abbé Bouttier.
CROISÉ (le) de Tortona; par C. Guénot.
DEUX (les) AMIS; par S. Bigot.
DEVOIR et Vertu, ou les Forges de Buzançais.
DÉVOUEMENT D'UNE JEUNE FILLE; par Mme Beaujard.
ENFANT (l') de l'Hospice; par Marie de Bray.
ERMITAGE (l') de Saint-Didier.
EXEMPLES (les) traçant le chemin de la vertu.
FERME (la) de Valcomble.
FERNAND DELCOURT; par S. Bigot.
FLEURS printannières; par Maxime de Montrond.
FRÈRE (le) et la Sœur; par F. Villars.
ILE (l') des Naucléas; par Mme Grandsard.
JEANNE D'ARC : récits d'un preux chevalier.
LEQUEL DES DEUX? par l'aut. du *Château de Bois-le-Brun*.
MÉMOIRES d'une orpheline; par Marie Emery.
MES PAILLETTES d'or; par Maxime de Montrond.
MES SOUVENIRS; par le même.
NÈGRES (les) de la Louisiane ; par Marie Emery.
PROVERBES (les) : histoire anecdotique et morale des proverbes.
RÉCITS historiques et dramatiques; par Marie Emery.
RETOUR des Pyrénées; par l'auteur des *Souvenirs de voyage*.
ROI (le) de Bourges; par J. P. des Vaulx.
TROIS (les) Berthe; par M. P. Jouhanneaud.
UNE MAITRESSE D'ÉCOLE; par Aymé Cécyl.
VOIX (la) de l'exil; trad. de l'ital. *rev. par le card. Giraud*.
VOYAGE aux Pyrénées; par l'aut. des *Souvenirs de voyage*.

A 1 fr. le volume :

AMANDA de Fitz-Owald ; par Mlle Brun.
BONHEUR d'une famille chrétienne ; par Prévault.
CHARITÉ (la) en action ; par Mme Bourdon.
CROIX (la) d'or ; par M. Mestivier.
DANGERS (les) D'UNE AMITIÉ TROMPEUSE.
DANIEL RIGOLLOT, ou le Presbytère, la Ferme et le Château.
EDMA, ou le Triomphe de la charité ; par Mlle Brun.
ELISABETH et Emilie, ou Prétention et Simplicité ; par Mme Farrenc.
FAMILLE (la) HEUREUSE ; par H. Prévault.
FAMILLE (la) irlandaise, ouvrage imité de l'anglais.
FORTUNE ET ADVERSITÉ ; par M. Brasseur.
GEORGES, ou le Bon Usage des richesses.
HONNEUR (l') d'un père ; par Marie Emery.
JOIES (les) de la famille.
MARIE EUSTELLE ; par Mme de Gaulle.
MISÉRICORDE et Providence : vie de Mlle de Lamourous.
MODÈLE DES JEUNES GENS ; par l'abbé Proyart.
PRISONNIER (le) de Russie ; par T. Perrin.
SAINT FRANÇOIS XAVIER.
SOUVENIRS DE DEUX MARINS ; par A. Le Saint.
UN ANGE CONSOLATEUR ; par Prévault.
UN ARTISTE DU VIIe SIÈCLE : saint Eloi ; par A. de la Porte.
UN ATELIER DU FAUBOURG SAINT-ANTOINE ; par l'abbé H***.
UNE BONNE RÉPUTATION ; par Marie Emery.

— LILLE. TYP. L. LEFORT. MDCCCLXVI. —

www.ingramcontent.com/pod-product-compliance
Ingram Content Group UK Ltd.
Pitfield, Milton Keynes, MK11 3LW, UK
UKHW012034240726
13965UKWH00002B/782